新型职

现代休闲观光农业建园与管理

吴东红　主编

中国农业出版社

图书在版编目（CIP）数据

现代休闲观光农业建园与管理/吴东红主编．—北京：中国农业出版社，2017.8（2019.7 重印）
新型职业农民示范培训教材
ISBN 978-7-109-23031-6

Ⅰ.①现…　Ⅱ.①吴…　Ⅲ.①观光农业－技术培训－教材　Ⅳ.①F307

中国版本图书馆 CIP 数据核字（2017）第 136475 号

中国农业出版社出版
（北京市朝阳区麦子店街 18 号楼）
（邮政编码 100125）
责任编辑　郭晨茜　王庆宁

北京万友印刷有限公司印刷　　新华书店北京发行所发行
2017 年 8 月第 1 版　　2019 年 7 月北京第 3 次印刷

开本：720mm×960mm 1/16　　印张：8
字数：135 千字
定价：24.50 元

内容简介

本示范培训教材内容由八个单元构成，分别是现代休闲观光农业建园前期调研、现代休闲观光农业建园的基础与条件、现代休闲观光农业园的选址与经营定位、现代休闲观光农业园区规划、现代休闲观光农业园的投资估算与资金筹措、现代休闲观光农业园的盈利方式与途径、现代休闲观光农业园的营销策划、现代休闲观光农业园的经营管理。

本教材既可作为新型职业农民示范培训用书，也可作为职业教育现代农业应用型、技能型人才培养课程教学实训用书，还可供从事现代休闲观光农业的有关部门和经营实体参考。

新型职业农民示范培训教材

本册编写人员

主　编　吴东红

副主编　刘　慧

编　者　吴东红　刘　慧　王淑蘋

出版说明

发展现代农业，已成为农业增效、农村发展和农民增收的关键。提高广大农民的整体素质，培养造就新一代有文化、懂技术、会经营的新型职业农民刻不容缓。没有新农民，就没有新农村；没有农民素质的现代化，就没有农业和农村的现代化。因此，编写一套融合现代农业技术和社会主义新农村建设的新型职业农民示范培训教材迫在眉睫，意义重大。

为配合《农业部办公厅　财政部办公厅关于做好新型职业农民培育工作的通知》，按照“科教兴农、人才强农、新型职业农民固农”的战略要求，以造就高素质新型农业经营主体为目标，以服务现代农业产业发展和促进农业从业者职业化为导向，着力培养一大批有文化、懂技术、会经营的新型职业农民，为农业现代化提供强有力的人才保障和智力支撑，中国农业出版社组织了一批一线专家、教授和科技工作者编写了“新型职业农民示范培训教材”丛书，作为广大新型职业农民的示范培训教材，为农民朋友提供科学、先进、实用、简易的致富新技术。

本系列教材共有29个分册，分两个体系，即现代农业技术体系和社会主义新农村建设体系。在编写中充分体现现代教育培训“五个对接”的理念，主要采用“单元归类、项目引领、任务驱动”的结构模式，设定“学习目标、知识准备、任务实施、能力转化”等环节，由浅入深，循序渐进，直观易懂，科学实用，可操作性强。

我们相信，本系列培训教材的出版发行，能为新型职业农民培养及现代农业技术的推广与应用积累一些可供借鉴的经验。

因编写时间仓促，不足或错漏在所难免，恳请读者批评指正，以资修订，我们将不胜感激。

2017-06-20

目　录

第一单元　现代休闲观光农业建园前期调研

知识学习

一、认识现代休闲观光农业园

（一）什么是现代休闲观光农业园

现代休闲观光农业是一种以农业和农村为载体的新型旅游业，有狭义和广义之分。狭义的仅指用来满足旅游者休闲观光需求的农业；广义的现代休闲观光农业应涵盖“休闲农业”“观赏农业”“农村旅游”等不同概念，是指在充分利用现有农村空间、农业自然资源和农村人文资源的基础上，以旅游为主题进行规划、设计与施工，通过科学管理把农业建设、农艺展示、农产品加工、农村空间出让及旅游者的参与融为一体，使旅游者充分领略现代新型农业艺术及生态农业自然情趣的新型旅游业。

现代休闲观光农业园以农业为背景，是一个具有多重功能的系统，是在明确空间范围内建立起来的，以农业生产、自然环境与文化资源为主要开发内容，以城市居民的休闲、观光、娱乐和青少年教育为服务对象，开发各具特色项目的园区。

现代休闲观光农业园是政府倡导、企业实施、广大农民积极参与的新型综合开发方式，是推动休闲观光农业建设和发展的载体。

现代休闲观光农业是现代农业的组成部分。现代农业不仅有生产功能，还具有改善生态环境质量，为人们提供休闲、观光、度假的生活功能，满足了现代都市人们渴望在优美的环境中放松、休闲的需求。于是，回归田野、自然的休闲观光农业就成为人们最好的选择，看农家景、住农家屋、吃农家饭、做农家活成了旅游中新的热点。各地掀起发展现代休闲观光农业的热潮：有的选择已有的自然风景区或旅游景点为依托，兴建“休闲观光果园”或珍稀动物养殖场；有的以种、养殖场为基础，再造人工景观、游乐设施；有的集科研、技术开发、休闲观光旅游于一体，兴建“水果世界”等。

现代休闲观光农业园，已成为人们休闲观光旅游、丰富农业知识、交流农业经验、体验农业生产劳动与农民生活、享用农业成果、畅享田园休憩健身的场所和农业深层次开发的样板。建设现代休闲观光农业园来促进当地绿色产业的发展。

（二）发展情况

1. 国外休闲观光旅游农业发展概况 早在19世纪30年代，休闲观光农业在西方发达国家开始兴起。欧洲的阿尔卑斯山区，美国和加拿大的落基山区是世界上最早的休闲观光农业旅游区。1865年，意大利成立了“农业旅游全国协会”，专门介绍城市居民到农村去和农民吃住都在一起体验生活。旅游者可以在田地里耕作，参加钓鱼、骑马等活动，可以在农民的土地上搭起帐篷野营，也可以在农民家中住宿，远离城市的喧嚣。人们在这样优美的环境中生活，喝纯净的山泉，吃最新鲜的蔬菜、水果，体验全新的生活方式。

20世纪中后期，有观光职能的观光农园成为主流。农园内的活动以观光为主，结合购、食、游、住等方式经营，并相应产生了专职从业人员，找到了旅游业与农业共同发展、相互结合的交汇点。这个时期，观光农业的项目有观光农牧场，还有人造观光农园。

20世纪80年代以来，国外农业旅游又向深层次发展，旅游者不仅满足于“看”，而且要“干”，由过去的享受成果，变为亲身参与过程。真正体验“原汁原味”的农活。例如，有些旅行社利用假期，组织城市游客到农村学习插秧和采茶，体验耕种和收获的乐趣，分享“插秧割稻旅行”或“采茶旅行”。在收获的季节，旅行社也会选出一包稻米或茶叶寄给游客，让大家品尝自己的劳动果实。

近些年，租地自种成为农业旅游的新形式。城里人在乡下租一块“自由地”，假日里携妻带子，呼朋唤友到乡下“自家地里”翻土耕种、施肥浇水，平时则由农场负责人照看。这种浅尝辄止的劳作和藕断丝连的乡村情怀，为忙碌和烦躁的城市生活平添了许多雅趣。

2. 我国休闲观光旅游农业发展情况 中国是一个古老的农业大国，有着悠久的历史和丰富的农耕文化，我国各地景观新奇多样，农业旅游活动自古有之。古代文人墨客的郊游和田园休闲活动等，在很早就已产生。后来出现的城市居民到城郊远足度假虽然十分活跃，但这种传统的郊游都是以个人和家庭为单位的自助式的休闲和观光活动，一切都是自己解决，未经专门的旅游开发，是一种“纯自然”的状态。

我国的休闲观光农业兴起于20世纪80年代。改革开放较早的深圳首先开办了“荔枝节”，主要是为了招商引资，随后开办了采摘园，取得了较好的经济效益。随着农业结构的调整和农业高新技术的应用，各地、市、城郊及乡镇结合自己的农业特点、自然资源和文化特色相继建成了具有一定规模和一定面积的农业园。由最初居住在城市的居民对郊野景色的欣赏和果品的采摘活动，引发了全国范围内农业和农村对观光农业的全方位建设与开发。

近年来，随着“农家乐”的兴起，在我国许多大城市周围出现了休闲观光农业与旅游农业园，人们可以在生活设施齐全的小木屋中休闲、住宿，还可以住农家院、吃农家饭、干农家活、挖野菜、吃野菜等，体会农家的乐趣和田园的恬美。家长和孩子也可以与大自然亲密接触，体会自然之美。同时园区主人还定期举办一些采摘节等活动吸引市民。

现代休闲观光农业园是现代农业发展的新趋势，有着深厚的社会基础。随着社会经济的飞速发展，人们收入水平迅速提高，精神文化追求日益增多，人们越来越追求田园式的生活。而现实中，这样的景点场所相对匮乏，这就为休闲观光农业园的快速发展提供了广阔的发展空间。

（三）现代休闲观光农业园的种类

随着现代休闲观光农业的蓬勃发展，国内外涌现出许多规模不一、形态各异的休闲观光农业园。由于自然资源、人文资源、农业资源和经济状况的差异，各地休闲观光农业发展类型与模式表现多样。从不同角度可有不同的分类方法，常见的有以下 7 种（表 1-1）：

表 1-1　休闲观光农业园分类

模　式	类　型
按开发模式分类	基地改建型、项目建设型、文化挖掘型、设施改造型、旅游带动型
按资源分类	自然资源特色型、文化资源特色型
按地理区位分类	景区边缘地区型、城市近郊地区型、老少边穷地区型
按农业结构分类	种植业主导型、水产养殖业主导型、畜牧养殖业主导型、综合开发利用型
按功能分类	休闲观光型、度假休闲型、体验型、教育型、节庆型、综合型
按经营模式分类	农庄经济型、园区经济型、特色产业型、自然人文景观型、农家乐型、农业贸易型
按主题定位分类	休闲观光采摘园、教育农园、高科技农业示范园、农家乐（渔家乐）、生态农业园、市民农园、森林公园、度假休闲农庄、民俗休闲观光村

下面重点介绍按经营模式和主题定位分类方法的休闲观光农业园。

1. 按经营模式分类

（1）农庄经济型。依托优美的乡野风景、舒适怡人的清新气候和环保生态的绿色空间，在原有农业园区、高效生态农业基地等基础上，兴建一些休闲、娱乐设施，为旅游者特别是城市居民提供度假、休憩、游乐、就餐、住宿等服务，满足旅游者回归自然、享受宁静安逸的田园生活的需求。例如，浙江德清雷甸的杨墩农庄、福建龙佳生态农庄、台湾走马濑农场、海南琼海伊甸园等。

（2）园区经济型。新开辟的现代休闲观光农业园区，经过科学的规划设计，集农业生产、科技示范、科普教育和休闲观光休憩娱乐等功能为一体的休闲观光农业形态。通过先进的现代农业设施、农艺技术和农耕文化的宣传、展示、示范，把现代农业高新技术与生产、示范、休闲观光、教育等紧密结合起来。园区内设有农业生产区、高新农业技术与设施示范园、各种主题公园、生态教室、环保长廊、居民博物馆、农耕文化广场、农耕器具展示馆、园区特色景观、乡村（庙会）、乡间别墅等丰富多彩的景点和休闲娱乐场所。以多产业、多视角综合性的融合形式，展现现代休闲观光农业的风采风韵。例如，北京朝来农艺园、浙江玉环漩门湾农业休闲观光园、广东侨新农业生态园等。

（3）特色产业型。以新、奇、特农业品种或项目为主题，以绿色、自然的农业产业带和农业资源为载体，为游客提供休闲观光、体验、娱乐、教育等内容，使游客领略到休闲观光农业的大自然情趣，主题通常比较单一。例如，中国台湾省台南县的九品莲花生态教育园区、浙江省上虞市的盖北葡萄休闲观光园和绍兴县王坛镇的十里香雪梅海生态休闲观光农业园、福建省漳州市的天福茶博物院等。

（4）自然人文景观型。通过充分挖掘当地丰富的人文资源，有效利用自然景观，开发探幽、访古、赏景等休闲项目，为游客提供休闲活动内容。充分利用休闲观光旅游来提升传统农业产业，带动周边农业产业结构合理调整，使休闲观光农业成为农业产业区域化布局与发展的助推器。例如，浙江省绍兴市上虞区的员外山庄和绍兴县的富盛生态史林、广西南宁的伊岭岩、福建南靖的土家寨、江苏苏州的周庄（图 1-1）等。

图 1-1　江苏苏州的周庄

（5）农家乐型。由农民家庭为基本接待主体，利用自然生态与环境资源、农村活动及体验农民生活特色，以农业、农村、农事为载体，以“吃农家饭、住农家屋、干农家活、享农家乐”为主要内容，以旅游经营为目的的休闲观光农业形态。其特点主要是凭借其富有地域特色的生态环境或独树一帜的特色农产品，以绿色、安全、新鲜为主，通过提供自产的蔬菜、家禽、水产品等，让游客品尝原汁原味的农家菜，体验淳朴的农家风情，陶醉在久违的泥土芳香中……。例如，浙江安古石岭村的农家乐、台湾丰原情人谷休闲农场、江苏镇江欢乐农家等。

（6）农业贸易型。利用各类大中型农副产品集散市场、商务会展中心及农产品加工园等，把休闲观光与农业经贸活动有机地结合起来，是一种为游客提供休闲观光、优质农副产品采购等服务活动的休闲观光农业发展模式。例如，浙江桐庐蜂之语蜜蜂王国生态园采用的就是“寓销于游，游中促销”；浙江省杭州市萧山的中国花木城、福建省漳州市的百花村和花卉走廊等，都是依托商贸活动中丰富的花木品种形成的优美景观，让游客或购花者在如画的美景中流连忘返，充分体会现代农业与农业技术发展的奥妙，同时为市民提供采购花木盆景及配套器具的场所。

2. 按主题定位分类

（1）休闲观光采摘园。休闲观光采摘园是我国休闲观光农业发展最早的形式，也是外国休闲观光农业最普遍的一种形式。指在城市近郊或风景点附近开发特色果园、菜园、花圃、茶园等，让游客入内参与摘果、切花、采茶等活动，亲身体验和享受收获季节的田园乐趣。休闲观光采摘园主要的服务对象是久居城市、经济基础良好、对产品品质要求较高、有回归田园体验农事劳作愿望的城市居民。与普通农田、果园和菜园等相比，最显著的区别是休闲观光采摘园可以使游客亲自收获优质无公害的农产品并体验新颖的旅游设施。休闲观光采摘的范畴已经引申扩大到休闲观光渔业和休闲观光畜牧业。例如，北京香山御香休闲观光采摘园、深圳荔枝世界休闲观光园（图 1-2）、海南绿枫农庄等是这一类型休闲观光农业园的代表。

（2）教育农园。教育农园又称认知农园、教育农场、学童公园、自然生态

图 1-2　深圳荔枝世界休闲观光园

教室等，是利用农林业生产、自然生态、动植物、农村生活文化等资源，设计体验活动以达到教育的目的，让旅游者在体验中学习农业及相关领域的知识。教育农园属于休闲观光农业的范畴，但有别于单纯的休闲观光，它是基于寓教于乐的理念，突出知识的传播和体验，兼顾有关技能的传授，让旅游者在轻松愉悦的场景中获取农业科学知识和农耕历史文化体验，在休闲中达到生态和环保教育的目的。

教育农园以展现农业科学知识（例如动植物种类和品种及其生长过程）、农耕历史文化、生物多样性、生态环保等自然知识和设计动手生产、制作等体验活动为主题元素。主要以儿童、青少年学生及对农业知识、自然科学知识感兴趣的旅游者为主要服务对象，兼备了知识传播和休闲观光休闲娱乐双重功能，是21世纪现代休闲观光农业的发展趋势。许多休闲观光农业园区中都设有教育农园景区，例如台湾的台一生态教育休闲农场、北京朝来农艺园、深圳青青世界、苏州农林大世界等。

（3）高科技农业示范园。高科技农业示范园又称农业科技园，是指在一定的地域范围内，以当地的自然资源、社会资源为基础，农业生产、科技教育、技术推广等为依托，充分发挥农业科技进步优势，广泛应用国内外先进实用的高新技术，综合开发利用自然资源和社会资源，合理配置生产要素，由农业研究部门和各级行政管理部门共同筹建的，以高新技术的集约化投入和有效转化为特征，以企业化管理为手段，集农业生产，农业科技研究、示范、推广等活动为一体的农业新类型，具有科学实验、产业孵化、推广示范、普及教育等功能。

高科技农业示范园是农业旅游与科技旅游相结合的产物，它将农业与多种先进技术（生物技术、基因工程、电子智能化技术）紧密结合，在科技引领生产的同时，向游人展示现代科技的无穷魅力，为大面积生产推广做样板示范。主要的服务对象为中小学生和对高科技农业技术及农业新产品知识感兴趣的人群，主要的构成元素是：现代高科技农业技术和设施、农业新品种等。例如上海孙桥农业开发区、珠海农科奇观、杭州传化高科技农业园区等。

（4）农家乐。农家乐是以农民家庭为基本接待单位，利用自然生态与环境资源、农村活动及农民生活资源，体验生活为特色；以农业、农村、农事为载体，以“吃农家饭、住农家屋、干农家活、享农家乐”为主旨，以旅游经营为目的的休闲观光农业项目。一般是在原有的农田、果园、牧场、养殖场的基础上，将环境略加美化和修饰，以淳朴的农家风光吸引城市居民前来休闲观光游览。农家乐定位于休闲类旅游，既无涉水之险，也无爬山之累，在林荫庭院中，小桥流水，花果飘香，绿野成片，给人一种心旷神怡、身心舒畅之感，犹如置身世外桃源，让游客真正享受清净与悠闲。此外，还有一些农家乐具有很强的参与性，能让每个游客亲自动手，在轻松、愉快的参与过程中获得返璞归真的感受。例如四川成都龙泉驿红砂村农家乐、湖南益阳花乡农家乐（图 1-3）、贵州朗德上赛的民俗风情农家乐等。

图 1-3　湖南益阳花乡农家乐

（5）生态农业园。生态农业园主要是指以在园区内建立农、林、牧、渔综合利用的生态模式，形成林果粮间作、农林牧结合、桑基鱼塘等农业生态景观为主的休闲观光农业类型。这种休闲观光农业类型既可为游客提供休闲娱乐的良好环境，又为游客提供多种参与农业生产的机会，强调农业生产过程的生态性、艺术性和趣味性，具有良好的生态效益和社会效益，但一般所需占地面积较大，通常应与其他休闲观光农业类型相结合，才能更好地发挥其良好的经济效益。生态农业园区的主要服务对象为具有较高科学文化知识、较强生态环保意识的居民和学生。例如，北戴河集发生态农业休闲观光园是我国生态休闲观光园的典型代表。

（6）市民农园。市民农园是由农民提供土地，让市民参与耕作的园地。一般是将位于都市或近郊的农地集中规划为若干小区，分别出租给城市居民，用以种植花草、蔬菜、果树或经营家庭农艺，主要目的是让市民体验农业生产的过程，享受耕作的乐趣。市民农园以休闲体验为主，多数租用者只能利用节、假日到农园作业，平时交由农地提供者代管。德国是世界上较早发展市民农园的国家，在19世纪初就出现了市民农园的雏形，确立了市民农园现在的模式。

在我国，市民农园中的农地多由各种类型休闲观光农园提供，农地平时由农园中的专业人员代为管理，租用者在空闲时间才来管理。市民农园依照使用对象的不同，又可分为家庭农园、儿童农园、银发族农园、残疾人农园（例如盲人农园等）。市民农园很少独自存在，一般都包含在其他休闲观光农园类型中。例如，在广东番禺的祈福农庄、深圳的青青世界及荔枝世界休闲观光园等休闲观光农园中都设有市民农园。

（7）森林公园。伴随着回归自然浪潮的兴起，森林旅游热在世界范围内方兴未艾。森林公园和风景区大多具有多变的地形、辽阔的林立、优美的林相以及山谷、奇石、溪流，公园提供森林浴步道、森林小屋、体能训练场等游憩设施，成为人们回归自然、避暑、科学考察和进行森林浴的理想场所。森林公园在我国南方森林资源丰富的地区较为常见，森林公园常见的类型有：山岳森林景观、野生动植物观赏型，森林环保、科普教育型，沙海探险、山水旅游型，避暑度假、民俗风情型。例如张家界国家森林公园（图1-4）、江门圭峰山国家森林公园、鼎湖山国家森林保护区等。

（8）度假休闲农庄。度假休闲农庄是综合性的休闲农业园区，伴随着近年来都市生活水平和城市化程度提高而出现的集科技示范、休闲观光、采摘、度假于一体的农庄式的综合农业园区。游客在园区内不仅可以休闲观光、采果、体验农作，了解农民生活，享受乡土情趣，还可以住宿、游乐、度假等。农庄内提供的休闲活动包括田园景观观赏、农业体验、童玩活动、垂钓、野味品尝等。例如，台湾宜兰县香格里拉休闲农场、福建招宝“刘老根休闲农庄”、广东深圳青青世界等是此类型休闲观光农业的代表。

（9）民俗旅游文化村。民俗旅游指选择具有地方或民族特色的地区，利用特有的民间文化、地方习俗和少数民族独有的民族传统作为休闲观光农业活动的主要内容，让游客充分享受浓郁的乡土风情和乡土文化。例如农村民俗文物馆、农村文化活动、民俗古迹、地方人文历史、民俗风情园、乡村博物馆等。民俗文化村一般以展现人类各民族的民间艺术、民俗风情和居民建筑为主体，少数还有非物质文化遗产保护功能。民俗文化村可以分为民间艺术展示、民俗

图 1-4　张家界国家森林公园

风情展示、民居建筑风格展示及少数民族习俗文化展示 4 种类型。在我国，民俗文化村多以子项目的形式存在于其他休闲观光农业园区中，也有单独以民俗文化村形式出现的休闲观光农业类型。例如，江西省婺源县的晓起、李坑等 13 个民俗文化村，深圳的锦绣中华民俗村（图 1-5）等。

（四）休闲观光农业的功能

从世界各国与国内各地的发展历程来着，休闲观光农业作为一种农业与旅游休闲服务业有机融合而生化出来的一种新型“产业”，其所承载的基本功能如下：

1. 生产功能　休闲观光农业是融合第一产业和第三产业为一体的新型产业，因此其生产功能是第一位的。它不但生产农产品，同时也生产旅游产品；不但生产物质产品，更生产精神产品。休闲观光农业的生产功能体现在它为服

图 1-5　深圳锦绣中华民俗村

务对象提供农产品、农副产品和通过休闲体验所激发的心灵愉悦与升华的精神产品。

2. 游憩与保健功能　为人们提供自然清新的休闲场所，进行有益的休闲活动可以让远离泥土气息的城市居民领略大自然的情趣，品味返璞归真的愉悦，从而解除工作、学习及生活的压力，达到心情舒畅，修身养性，促进健康的作用。

3. 经济功能　休闲农业是在发展农业生产的基础上发展旅游业，在降低土地集约化的同时提高单位土地的收益，它改善了农业和农村的产业结构，增加了乡村居民的就业机会，拓宽了农村经济的发展渠道，提高了农业和农民的收入，起到了“兴一处旅游，富一方百姓”的作用。

4. 社会功能　现代休闲观光农业，真正实现了经济、生态、社会效益的同步协调发展，加强了城乡居民的交流，拓宽乡村居民的人际关系，推进城镇化进程，缩小城乡差别，提升城乡生活品质，构建和谐社会。

5. 教育功能　休闲观光农业的教育对象不仅有游客，还有开发者、决策者、管理者等。教育手段从单纯的游客用心去感受的教育方式，发展为充分利用现代科学、技术、艺术等知识展示自然，使人能够直观形象地接受教育，大大提高教育效果。人们通过休闲观光农业活动，认识和学习农业和农耕文化，了解动、植物生长过程和农业科学知识，分享农业收获的喜悦，体验宁静朴实的乡村生活，激发人们热爱大自然、保护生态环境、造福子孙后代的环保意识和文明行动。

6. 环保功能　现代休闲观光农业将自然生态系统、农业生态系统、人工建筑系统有机地融为一体。在经过精心规划设计、建设改造和科学运行管理的休闲观光农业景区环境的熏陶下，促使乡村居民改变不良的生活习惯和一直向大自然索取的生活态度，主动改善环境卫生，提升环境品质，树立维护自然生态平衡的理念，主动参与环境资源保护，达到自然生态环境可持续发展的目的。

7. 文化传承功能　休闲观光农业着意表现的乡村景观，积淀着久远浑厚的历史和文化，使游人仿佛置身于一幅幅优美的山水写意画中，思古怀旧与诗情画意油然而生，令人心旷神怡。通过休闲观光农业的建设与发展，使农村特有的农耕文化、生活文化、产业文化、民俗文化等具有特色的乡村文化得以保留、升华和继承，同时能使其得到创新和发展，创造出具有特殊风格的农村文化。

（五）我国现代休闲观光农业园的发展趋势

1. 生态化的发展趋势　发展生态型休闲观光农业的关键就是如何同时将生态环境保护、民俗文化传承和发展、农业旅游产业效益三者紧密结合。而要做到三者统一，在现代休闲观光农业的建设中应注意以下几点：一是科学规划最为重要，二是自然生态与人文生态的保护加强，三是注重特色的形成。

2. 乡村文化的参与和体验趋势　我国作为具有几千年历史的传统农业文明古国，农业生产历史悠久，孕育了丰富的农业文化、民俗风情以及独特的生产方式和习俗。如果进行合理科学的开发设计，都可能成为丰富的参与和体验旅游资源，这对于希望全面了解中国传统文化的境内外游客具有巨大的吸引力。所以，休闲观光农业中参与和体验旅游产品的开发设计势在必行。但必须注意两个指导原则：一是独特性原则，二是文化性原则。

3. 休闲观光农业发展将向追求质量、追求特色的方向发展　发展休闲观光农业应以农业活动为基础，突出本地特色，求新、求异、不求全，坚持循序渐进和可持续发展的原则，不仅要开发好自然资源，而且要将民风、民俗融入其中，重点发展参与性较强的农业旅游项目。休闲观光农业要定位在城市居民的“后花园”，为城市居民提供一个自然、传统、休闲的场所。突出农村生活风貌和丰富的乡土文化内涵，切忌建造过多的人文景观，盲目追求大规模、高档次、高消费，使环境和设施过于人工化、商业化。例如，聊城市阳谷县阿城镇针对景阳冈景区建设的“万亩*樱桃园”项目，既延长了客人逗留的时间，

* 亩为非法定计量单位，1 亩≈667m^2。——编者注

提升了旅游业的集约化程度，又提高了投资旅游业的资金回报率。休闲观光农业要充分利用无公害蔬菜瓜果基地、林果和花卉基地等现有优势，带动交通便利、农业基础较好的区域发展休闲观光农业，形成农业生态休闲观光旅游带。

4. 农业与旅游业共同推动休闲观光农业的规范化发展，科学管理促进农业旅游再上新台阶

（1）规划先行，整合资源。依据旅游发展规划和都市农业建设规划，进一步融合农业与旅游业，从而保证农业旅游健康发展。加强与农业、林业、水利、旅游、建设、环保、交通等有关部门的衔接沟通，尽可能地整合配置新农村建设、生态村建设、村庄整治工程、乡村公路通达工程等资源优势，确保休闲观光农业旅游项目科学有序开发，实现农业与旅游业良性互动。

（2）加强扶持，提高质量。进一步健全农业旅游建设的标准规范，促进项目建设和产业发展出精品、上档次、上水平，促进投资业主和经营单位趋向扩大规模，提高质量，调动社会力量投资发展农业旅游的积极性。

（3）不断完善行业自我服务和约束管理机制。培育和发展旅游协会或游客接待中心等中介服务组织，加强对经营人员相关旅游知识和服务规范的培训，提高农业旅游经营单位服务水平和休闲观光农业旅游结合农业生产，发动农民参与，挖掘民俗风情，推出一些游客参与性强的农事活动，让游客的休闲旅游活动和农业生产及农户的日常生活融为一体，加强基础设施等硬件建设和接待服务等软环境的建设。政府有关职能部门对休闲观光农业旅游点的食品卫生、商品价格、环保消防、设施安全等逐渐加强指导和监督，切实维护消费者的权益。

二、相关政策与法规

产业政策是一个国家的中央或地方政府为了其全局和长远利益而主动干预产业活动的各种政策的总和。休闲观光农业产业政策是指导休闲观光农业产业发展和结构优化的基本方针、政策和措施的总称，是政府宏观调控的政策之一。休闲观光农业作为农业与旅游业的交叉性产业，其发展单靠农业部门、旅游部门的努力是远远不够的，要依靠国家产业政策的支持。与休闲观光农业产业密切相关的政策，主要有政府主导政策、政府扶持政策、金融支持政策、土地流转政策和社会保障政策等。

（一）政府主导政策

打造休闲观光农业园是一项综合性的系统工程，不能完全依靠市场的力量进行，需要整合行政管理、公共工程、土地与资源、税费优惠、营销促进、招商引资等诸多方面，以商业化的理念实施综合经营。休闲观光农业产业的发展与政府的强力推动密不可分，培育、建设和完善休闲观光农业园，政府发挥着主导性的作用。政府作为社会管理者和社会协调者，保证为建设休闲观光农业园创造良好的生存和发展环境，具体体现在以下 4 个方面。

1. 科学编制规划　建设休闲观光农业园的首要前提是编制科学的发展规划。按照“因地制宜、合理布局、突出特色”的原则，编制休闲观光农业发展规划，突出体现高起点、国际化、前瞻性、时代性。同时，加强规划管理，严格按规划要求审批休闲观光农业建设项目，有效地防止中低档次休闲观光农业开发及重复建设的盲目行为，防止急功近利的短期行为、损害环境的破坏行为。

2. 政策引导及协调　通过制定财政、金融、税务、价格、工商管理、招商引资、交通运输、出入境管理等各方面的一系列产业政策，优化休闲观光农业园建设环境。加大对基础设施、公共服务体系建设的导向性资金投入，在政府的策划下，有效地实现投资主体的多元化。

3. 管理和市场推广　休闲观光农业园建成后，需由政府加强指导和监督，帮助直接管理者高标准、严要求地管理好景区景点，做好运行工作。同时，要加大对旅游目的地的市场推广力度，增加投入，走可持续发展的道路，充分利用政府的影响力，以多种手段、多种形式、多种渠道，特别是利用旅游节庆、新闻媒体等强势手段，来提高休闲观光农业园的知名度和美誉度。

4. 监督企业提高服务质量　完善管理、优化服务是休闲观光农业园的“生命线”和“保障线”。服务是重要的产品，旅游者对旅游服务越来越重视，休闲观光农业园能否真正成为精品，服务是重要因素，要创造服务品牌，并不断完善。应由政府组织企业加强诚信建设，倡导文明经营、诚实守信的风气，加大对市场秩序和服务质量的监管力度，加快推进旅游企业标准化认证进程，建立服务质量和规范评估体系，推动整体服务水平的提升。

（二）政府扶持政策

1. 休闲观光农业项目用地优惠政策　对休闲观光农业项目，政府优先给予用地指标；对不搞永久性建筑的项目可以按照农业结构调整政策办理，不再办理农业用地审批手续；集体所有的“四荒”地，可作为休闲观光农业项目的附属建设用地。在土地价格方面，政府可以给予休闲观光农业项目用地适当的价格优惠。

2. 休闲观光农业项目基础建设倾斜政策　2008 年，中共中央、国务院颁布的《关于切实加强农业基础建设进一步促进农业发展农民增收的若干意见》中，明确要突出抓好农业基础设施建设，加大投入力度，加快建设步伐。各省（自治区、直辖市）对休闲观光农业项目基础建设，要最大限度地争取非农资本和社会资金的投入，结合休闲观光农业园区建设的实际，加大政府支持力度。对同一规划，具有一定发展规模的农业园区的水、电、道路、通信等基础设施建设要在项目资金上给予倾斜，并对棚室等生产设施给予政策扶持。

3. 休闲观光农业项目税收优惠政策 政府应当给予休闲观光农业项目经营者和为休闲观光农业提供服务的社会中间组织一定的税收优惠政策。例如，对农民销售自产农副产品取得的收入免税，对社会中间组织提供技术服务或劳动所得的收入免征企业所得税。此外，政府还可以对一些经营特色明显、运作规范、带动能力和可持续发展能力强的休闲观光农业项目采取“以奖代补”的形式予以补贴；部分经营效益好、表现特别突出的休闲观光农业项目可以享受农业龙头企业的各项优惠政策。

4. 金融支持政策 加大政府对发展休闲观光农业的投入。除了加大对基础设施方面的投资外，继续实施“两减＋补贴”政策，加大对休闲观光农业的补贴力度。加快金融信贷体制改革，优化融资服务，为休闲观光农业企业或个人提供贴息贷款和小额信贷，切实解决贷款难的问题。加快农业信用担保体系建设，地方财政可按实际担保额给予一定的担保风险补助。推动信贷支农产品创新，探索土地承包经营权抵押等多种贷款方式，扩大信贷支农渠道。完善政策性农业保险办法，适当增加保险品种，特别是对农业龙头企业、专业大户及主导产业等需要保险的农业项目给予保险，并支持农林牧渔业互保。对毕业的大中专院校学生和科技人才创办家庭休闲观光农场，优先给予创业贷款支持。

5. 土地流转政策 休闲观光农业用地要在坚持农村土地承包政策长期不变、保障农民土地使用权的基础上，建立起“自愿、依法、有偿”的农村土地流转制度。《中共中央关于推进农村改革发展若干重大问题的决定》中鲜明提出了“三个不得”，即土地承包经营权流转，不得改变土地集体所有性质，不得改变土地用途，不得损害农民土地承包权益。农村土地归集体所有，土地流转的只是承包经营权，不能在流转中变更土地所有权属性，侵犯农村集体利益。实行土地用途管制，农地只能农用。改革的焦点就是通过土地流转等政策手段适度整合被承包到户的土地，允许农民以转包、出租、互换、转让、股份合作等形式流转土地承包经营权，发展多种形式的适度规模经营。

（三）尽快制定和完善有关的法律法规

我国虽然对休闲农业十分重视，但休闲观光农业起步较晚，专门的法律法规体系尚未健全。一些规范性文件相继出台，例如，中共中央、国务院颁布的《关于推进社会主义新农村建设的若干意见》、国家旅游局和农业部颁发的《关于大力推进全国乡村旅游发展的通知》、浙江省农办和省旅游局发布的《浙江省省级农家乐特色村认定办法》、杭州市农办和市旅委制定的《杭州市级休闲观光农业示范园区（点）考核标准》和《杭州市级农家乐休闲旅游特色村认定标准》、北京市《乡村民俗旅游户食品安全管理规定（试行）》、上海市《关下推进本市农业旅游发展的若干意见》、广州市《特色乡村旅游区（点）服务规范》、四川省广元市《2009 年广元市现代农业示范园区建设项目实施方案》等。只有制定更加完善的相关法律法规，才能引导和约束休闲农业的有序化、制度化经营，保证效率和公平的实现。

案例与分析

案例　浙江省安吉中南百草园

1. 概况介绍　安吉中南百草园始建于 2001 年，是国家 AAAA 级旅游景区和全国农业旅游示范点。地处著名“中国竹乡”——浙江省湖州市安吉县西北，占地约 $373hm^2$，距县城 3.7km、杭州 68km、上海 210km，是长三角地区最大的休闲观光农业旅游景区之一。景区拥有八景十八园，景色极其秀美；丰富多样的珍奇野生动植物随处可见；植被覆盖率达 95%，是天然的绿色氧吧。

中南百草园以百草为特色，以次生林植被、动植物资源和自然山水景观为依托，是一个集生态教育、生态实践、生态科技、生态体验为一体的度假休闲基地。景区包括森林、草原、湿地、竹海、野生动物、客房、娱乐、餐饮、拓展运动、会议等活动项目，有很强的可玩性和可观赏性。

为了明确景区的活动项目和景点，特别划分出大致的七大功能区、八景、十八园。

（1）七大功能区。生态植物观赏区、野生动物繁殖区、户外体育运动区、原始淡竹迷宫、高效生态农业区、湿地漂流区和休闲度假区。

（2）八景。碧水晨曦、虎啸飞泉、虹彩夕照、丹枫流霞、松林晚樵、狮熊追月、淡竹迷宫和百草映雪。

（3）十八园。白茶园、观赏竹园、橘园、兰花园、桂花园、玫瑰园、香樟园、红枫园、梅园、淡竹林、葡萄谷、樱花园、紫竹园、湿地松林、杉木林、药材园、天然阔叶林、采摘果园。

2. 主要农业项目　百草园始终坚持“以农立园、生态建园、科教兴园、旅游活园”的理念，将农业生产功能紧紧围绕生态农业建设和生态农业项目的实施，带动和引领周边四村共同致富，促进区域农业产业化发展，具体实施项目有：①无公害板栗开发及其产业化；②优质杨梅规模生产及其产业化；③珍稀禽类动物放养、繁殖、驯养及其产业化；④花卉苗木培育及其产业化；⑤经济林立体种植及其产业化；⑥茶叶提纯复壮开发及其产业化；⑦生态农业休闲旅游实体及其产业化；⑧农民素质技能培训及其产业化；⑨高校生态休闲观光农业带动周边经济的发展。

图 1-6　安吉中南百草园

3. 园区特色　百草园的年游客量现已达到 100 余万人次，园区正以它独有的特色和历史事迹吸引着各方游客。园区内有全球仅存的大片原始淡竹林群落，是东吴名将朱治、朱然的故里，有千年朱家古井，是浙江省野生动物驯养基地；全国野生动物保护科普教育基地；清华大学和复旦大学的 EMBA 总裁班培训基地；浙江大学、浙江工业大学等高校的生态环境教育实践基地；联合国环境与可持续发展教育活动空间；承办国际旅游小姐冠军总决赛、国际山地极限运动等多项高档赛事；是旅游休闲观光、团体拓展运动、休闲度假和国际会务的好去处。园区已通过 ISO 9001 和 ISO 14001 管理体系认证，成为国家 AAAA 级旅游景区和全国农业旅游示范点。中南百草原是一个奇特的全新景点，由于它可以和其他景点组合成为最佳的旅游线路，如今越来越被旅游界所推崇。

中南百草园以百草为特色，以次生林植被、动植物资源和自然出水景观为依托，是集生态教育、生态实践、生态科技、生态体验、娱乐休闲为一体的度假休闲基地。

园内建立了日本樱花园、梅园、日本红枫园、紫竹园、白茶园、植物地球村、日用玫瑰园、桂花园、香樟园、百草园、药材园，并移植了稀有植物如海棠木瓜、银杏、竹柏、冷杉、杜仲、虎皮榆、胡秃子、女贞等树种。加上野生动物梅花鹿、獐及多种鸟类的自然放养成功，基本形成了良好的生态环境。

园区还有草地排球、草地足球、钓鱼、帐篷露营、篝火、竹筏漂流、徒手抓鱼、赛马、滑草等多项娱乐项目，让你玩得全面，玩得尽兴。

4. 经营现状与绩效　中南百草园累计投入资金 1.5 亿元人民币，建立 18 个高效生态农业示范项目，人称“十八园”。茶园、药材园、淡竹园等通过多年科学培育管理，规模和产业水平都具有示范作用；以鲑鱼、白鱼为主的经济鱼类种苗池，和 1 万余头野生珍稀动物的种群管理、驯养和繁育都形成了规模。目前，中南百草原是长三角地区最大的集高科技农业开发、休闲观光农业、教育实践基地为一体的综合型农业企业。园区现有在编员工 300 余人，固定资产7 440万元，产权清晰，主营的农副产品产销率在 90%以上，企业信用度等级为 AA 级。

园区还进行了生态种植、养殖业项目研发，通过向周边地区辐射，推广新科技，并与有关单位和周边农户建立利益联销机制，联手共创用材林、花卉、苗木栽培及家禽、水产养殖业的农业产业化经营模式，充分利用生态农业开发所带来的经济环境效果，开发生态农业休闲观光旅游，成效显著，获得了国家、省、市旅游部门，农业、林业、环保等部门和社会的广泛认同。

2005—2006 年初相继被认定为国家农业旅游示范点、全国野生动物保护科普教育基地、省级高效生态农业示范园、省农业龙头企业、市农业龙头骨干企业和浙江省首批环境教育示范基地、全国休闲农业与乡村旅游五星级企业等多项国家级荣誉称号。

5. 发展策略　中南百草园的经营模式十分正确，它高效地利用了当地的特色条件和历史事件大力发展百草园，同时也和周边的单位和农户建立利益联销机制，拉动了百草园的发展。对于百草园未来的发展，更应注意以下几点：

(1) 完善服务体系。休闲农业要在服务上下大功夫，提高休闲农业层次，这是一个地区休闲农业是否取得成功的关键因素之一。

(2) 完善网站的建设。网站内容应注重充实性、服务性、信息性，为游客提供正确必要的信息。百草园现有的网站缺乏与游客的互动，应注重与游客的互动。利用网络为游客服务可以有效降低交易成本，大大提高经济效益。

应用思考

1. 我国的休闲观光农业园还可以按照什么方式分类？请列表回答。

2. 你所在的当地政府对休闲观光农业园的创建有什么扶持政策？优势体现在哪里？

3. 你对我国休闲观光农业园的发展趋势有怎样的理解？谈谈自己的看法。

第二单元　现代休闲观光农业建园的基础与条件

知识学习

一、农业自然资源

农业自然资源含农业生产可以利用的自然环境要素，包括土地资源、水资源、气候资源和生物资源等。自然资源对休闲观光农业的影响主要表现在其所在区域的地貌、气候、水文、土壤等因素上。地貌因素决定休闲观光农业园区的地表形态，从而影响到现代休闲观光农业园区的可进入性和景观的丰富程度；气候因素影响休闲观光农业区所在区域的生物种类和分布，从而在一定程度上决定了现代休闲观光农业区的景观及其季节演替；丘陵和平原相间的地貌、茂盛的林地、温暖湿润的气候、充沛的地下水、丰富的地表水、水质优良的水文、肥沃的土壤等都对休闲观光农业的开发十分有利。城里人厌倦了“钢筋水泥丛林”的喧嚣，休闲方式也逐渐转变为“远离都市，遁迹山野”。例如，北京市怀柔区雁栖镇依托山水优势，巧借自然，面向城市游客，打造了北京著名的高品位、高价值休闲观光农业旅游点——山吧。“山吧”集旅游、住宿、餐饮、农事体验于一体，吸引了大批城市游客结伴而来，他们在这里观山景、游古长城、采摘果品、垂钓、烧烤，称“山吧”为城市居民“拥有遐想的地方”，现已成为京郊休闲观光农业的时尚地，是北京居民必去的著名郊区景点之一，每年经济效益十分可观。

现代休闲观光农业具有很强的地域性，区域的农业资源对现代休闲观光农业开发的影响也很重要。一般来说，现代休闲观光农业园区所在地区的综合自然资源在一定程度上决定了休闲观光农业的开发类型和方向。

二、目标市场定位

这里所说的目标市场定位主要指的是客源市场或产品市场。休闲观光农业按市场运作追求回报率，任何休闲观光农业产品都应该具有独特的市场卖点。因此，休闲观光农业产品的选择要找好自己的“定位”，在发展现代休闲观光农业时需要认真考虑。

从我国当前发展情况来看，现代休闲观光农业主要客源是对农业及农村生活不熟悉，又对其非常感兴趣的城市居民。因此，休闲观光农业应当是城市居民休闲的“后花园”，即市民利用双休日、假期进行短期、低价、重复的旅游地点。对现代休闲观光农业的开发首先应该从客源市场分析开始，根据市场需求来规划设计休闲观光农业产品。

规划的主要内容包括：确定现时市场特点、预测潜在市场，并进行市场细分；从客人的需要、偏爱与基础设施（规模、数量、质量）两方面对市场进行评估；从季节因素、其他旅游点与当地同行的存在（是否临近、竞争性经营、互补性经营）两方面来分析客源市场的限制因素；根据逗留目的（娱乐、公务、保健等）、地理来源、社会经济水平、人们的旅游嗜好等来确定客源市场。

三、区位选择

区位因素与游客数量呈正相关，区位可分为宏观区位和微观区位。宏观区位是指现代休闲观光农业区所依托的城市的区位条件；微观区位是指休闲观光农业与所依托的城市的联系。微观区位一般有几种含义，一是与城市的距离，二是交通的通达性，三是所处区域的景观、环境、经济条件等。作为兼有旅游功能的农业开发项目，一般要求布局在城市与农村的接触带上，首先是大城市周边的农业地带，然后再向交通便利、农业基础好的地带延伸。就目前我国旅游休闲观光农业发展的状况来看，其主要客源为大中城市居民，因此，应位于市区 1～2h 的驾车距离范围内。北京市农业管理部门已做出明确要求，凡是在具备一定旅游资源区域内、在主要交通道路两侧的果园，都要满足市民休闲观光采摘的需要，即开车能进去、下车能摘果。这使果农的种植效益大增，整个北京郊区的休闲观光果园也发展到 600 多个，充分发挥了休闲观光果园的生态、经济、休闲、科普的功能，成功地组织了多次“北京市百万市民休闲观光果园采摘之旅”活动。

此外，综合考虑休闲观光农业园的目标客源、经营特色、旅游项目等特点，成功的现代休闲观光农业园应该选择以下 4 种区位：

（1）城市化发达地带。具备休闲观光农业发展最基本的客源市场——城市游客，成功的概率比较大。

（2）特色农业基地。农业基础较好，有丰富的生产经验，特色鲜明，容易吸引游人。

（3）优秀旅游景区的附近。利用景区的客源市场，吸引一部分游客，或者直接将现代休闲观光农业园作为一个景点向游人开放。

（4）度假区周围或度假区内。作为度假区的一部分，开展农业度假形式。

四、社会、经济条件

社会、经济条件对现代休闲观光农业的开发影响深远，现代休闲观光农业的开发必须对其所依托地区的社会、经济条件进行细致而深入的分析，这也是休闲观光农业进行宏观区位选择的一个参考。其内容主要包括7个方面：①区域总体发展水平；②本地区的开放意识与社会承受力；③项目的开发资金及其来源；④区域城镇依托及劳动力保证；⑤区域水、电、能源、交通、通信等基础设施情况；⑥本地区的物产和物质供应情况；⑦休闲观光农业建设用地条件是否满足等。

五、旅游资源

现代休闲观光农业园区的开发与本地区旅游发展的基础密切相关。良好的旅游业发展带来大量的游客，才会有更多的机会去发展休闲观光农业旅游。因此，在分析区域旅游发展基础时，应着重考虑旅游资源的类型、特色、资源分布、产品组合及其提供的旅游功能，还要注意外围旅游资源状况。同时，配套设施完善、接待能力强的地区才能吸引游客，为现代休闲观光农业的顺利发展提供条件。

旅游业基础较好的地区已经占领了一定的客源市场，为发展现代休闲观光农业带来了机会；旅游业基础薄弱的地区，则存在着意识屏障和市场屏障，对开发现代休闲观光农业资源较为不利。

六、同业协作与竞争态势

在园区规划和项目设置时，要充分考虑本区域内同业项目的状况、展开合作生产和联合营销的可能性，减少竞争带来损失的可能性及避免措施。力求与周围其他休闲项目相互协调、优势互补、相互促进。

七、人才匹配条件

现代休闲观光农业要持续、健康发展，人才的运用不容忽视。目前，发展休闲观光农业园区项目的地区区位条件较差，经济相对落后，经营人才普遍较为缺乏。建园需要的人才是多方面的，应该在园区筹建时就开始进行人才筹备。一般的休闲观光农业园需要的人才包括以下三类：

1. 技术人才　现代休闲观光农业园的建设一般都具有一定科技含量，特别是一些大型的现代休闲观光园区要求具备高素质的科学技术人才。现代休闲观光农业园区需要一定量的生物技术、育种技术、栽培管理、产品质量监督保障等方面的人才。

2. 经营管理人才 现代休闲观光农业园管理需要各方面的综合知识，对管理人才的要求也就更为严格，不但要求有技术，还要懂管理、会经营。目前管理比较好的园区一般都有优秀的管理人才，能够制定出与本园区相适应的管理机制和管理办法，使园区效益明显提高。

3. 市场营销人才 目前，我国的农产品市场已由供不应求变为供大于求，如果缺少了市场开发型人才，产品就很难与市场接轨，更难以创造高效益。所以，现代休闲观光农业园旅游项目的市场营销人才是必需的，只有具备优秀的营销人才，制定出吸引游客的营销策略，并能实施良好，现代休闲观光农业园才能在竞争激烈的旅游市场占有一席之地。

休闲观光农业园的人才引进与培养，要充分挖掘当地的高校科研院所培养的各类人才，并通过项目合作、基金支持和咨询等形式加以利用。园区与大学共建博士后流动站的形式是一条值得探索的途径，即园区提供平台和部分启动资金，吸引技术、管理等学科的博士后，工作人员利用园区和学校双方资源，为园区及其企业进行项目策划或解决关键技术问题。在合作中，要十分重视人才收益及其产出的关系，利用知识产权入股、技术开发奖励等方式激励入园的科技人员，把双方长期的利益作为追求目标。

八、休闲观光农业规划设计的形成条件 SWOT 分析

把对企业的机会、威胁、优势和劣势的分析综合起来全面考虑和评估企业经营环境就是 SWOT 分析。S 表示优势（strengths），W 表示劣势（weaknesses）、O 表示机遇（opportunities）和 T 表示挑战（threats）。

SWOT 分析法，是目前国际上通行的条件综合分析法，它通过对资源地发展旅游业所具备的优势、机遇及所面临的弱势和挑战等进行综合分析，来确定该地发展现代休闲观光农业园区的战略措施和其他原则性问题。

科学地进行 SWOT 分析，将有助于制定科学的发展目标与发展规划。其中，优势、劣势是分析自身的条件，对现代休闲农业开发的资源条件、要素投入、市场份额、经营管理等方面进行分析，正确把握现代休闲农业开发的比较优势和存在不足；而机遇和威胁则是分析外部的条件，重点是对市场供求、竞争对手、环境变化、发展趋势等方面进行分析，以找出休闲农业产品开发的机遇和潜在市场，同时明确休闲农业产品开发面临的竞争和挑战。

作为一个要进行开发的现代休闲观光农业园区项目，其 SWOT 分析如下：

1. 优势（strengths） 优越的自然环境、良好的区位条件、雄厚的经济基础、多元的投资体系、完备的基础设施、畅达的交通网络、发达的高新科技、

政府的大力支持、居民期盼开发的高涨热情、现代休闲观光农业园的区域布局已具雏形等。但不同的园区项目，其优势条件的构成可能有一定的差异。

2. 劣势（weaknesses）　园区所在地人均耕地面积少，用地矛盾突出；自然灾害时有发生，休闲观光农业旅游资源面临威胁；旅游大环境部分环节薄弱等。这些情况在经济发达地区也不同程度地存在。

3. 机遇（opportunities）　产业政策等宏观环境为休闲观光农业园区的开发提供契机；休闲观光农业的发展适应城市居民对自然生态旅游的偏好。

4. 挑战（threats）　来自本区域及周边地区的同业竞争；来自本区域及周边地区的其他类型旅游产品之间的竞争。

通过 SWOT 分析，来确定现代休闲农业发展方向、目标和为实现既定目标而采取的战略，这是在规划的战略选择阶段需要完成的任务。因此，发展战略主要是在 SWOT 分析的基础上解决三个关键性问题，即发展方向、发展目标、战略选择。

案例与分析

案例一　北京市昌平区长陵镇麻峪房度假村

北京昌平区长陵镇麻峪房村坐落在上风上水的世界文化遗产明十三陵风景区长陵镇，离长陵、定陵只有 5km 的距离。这里山清水秀，风景秀丽，是得天独厚的纯天然氧吧。村里在政府的扶持下，从 1997 年开始发展乡村民俗旅游，是北京市最早发展民俗旅游的村庄，有“京郊民俗旅游第一村”的荣誉。

北京市昌平区长陵镇麻峪房村在 16 年前还是一个比较贫困的小山村，村民人均年收入不足 800 元。刚开始，由于认识水平不高、经济比较困难，多数村民不愿意去做这件事情。针对这种情况，政府从财政收入里拿出一部分扶持资金，区旅游局又制定了农家游的有关设施和服务标准，首先帮助一部分村民搞起了农家旅游，并对外挂起了长陵镇麻峪房民俗旅游度假村的招牌。农家旅游开展仅 4 个月，全村旅游收入就达 46 万元，收入最高户达 3 万～4 万元，最低的也有3 000多元，当年麻峪房村就由全区倒数第二的贫困村一跃进入全区的富裕村行列，彻底甩掉了贫困的帽子。1997 年，人均收入不足 800 元、村集体收入不足 22 万元的村子，到 2005 年已实现人均收入10 000多元、集体收入 200 多万元。现在全村近 60 户人家，有 50 多家搞起了农家旅游接待，被誉为农家旅游“京郊第一村”。

麻峪房村农家旅游巧借周边的旅游资源，例如村子周围著名的虎峪风景区、举世闻名的明十三陵、风景秀丽的碓臼峪景区、绿色水果采摘基地双龙山森林公园、九龙游乐园、蟒山国家森林公园等风景游览区等，使游客可以尽情游山玩水。农家山野菜、特色菜及风味烧烤一应俱全，赶上果子成熟的季节，农家还提供果园采摘，有杏、桃、梨、李子等，游客可以一饱口福。此外，农家还提供篝火晚会、烟花爆竹、垂钓以及民间文化娱乐活动场所等配套服务设施。在当地政府的指导和大力扶持下，农民找到了致富的路子。当地旅游行政管理部门对农家接待设施和服务标准严格要求，使农家游逐渐走上规范化道路。

眼下这个小山村已是北京昌平区的富裕村和民俗游样板村，迄今已成功接待了十多万中外游客，连续多年被评为民俗旅游先进单位，游人在这里感受着农家游的暖日和风。

通过发展休闲观光农业使村民脱贫，又使环境、景观进一步得到保护；休闲观光旅游使庄户人素质不断提高，使小山村进一步成为独具魅力的景区。这一切不仅使麻峪房村人笑得甜美，也给八方游客留下了许多值得借鉴的东西。在民俗旅游的暖日和风下，小山村将展开一幅更完美的民俗风情画卷。

案例二　山西省晋城市阳城县北留镇皇城村

农村人文景观和传统文化对发展现代休闲观光农业起着越来越重要的主导作用。一个历史名人故居加上一部《康熙王朝》的拍摄，救活了一个被群山环绕、人口不足千人的偏僻小山村——山西省晋城市阳城县北留镇皇城村(图 2-1)。

过去的皇城村人少地贫，靠天吃饭，全村坡地连在一起，最大的地块不过 1 300m^2，终日耕种仍填不饱肚子。在改革中，这个村的党支部书记一段颇见深度的话，被视为皇城村发展道路的注解：虽然农民天生顶着一个“农”字，但绝不等同于必须从事农业，皇城人要增收不应放弃任何一个产业，农民增收的思路不应局限于农业本身，根据市场需要，应充分整合资源优势。于是，清代名臣陈廷敬留下的大片衰破古堡进入他们的视线。

皇城相府（又称午亭山村）地处山西省晋城市北留镇境内，内外城总长为 678m，全城总面积 3.6 万 m^2，有院落 16 座，房屋 640 间，为城堡式建筑。是清康熙年间的名相陈廷敬的故居，由内城、外城两部分组成。内城为陈廷敬伯父陈昌言于明崇祯六年（1633 年）所建，名为“斗筑居”。外城为清康熙四十二年（1703 年）陈廷敬所建，名为“中道庄”。

陈廷敬既是康熙皇帝的老师，又是朝廷重臣，入仕 50 多年间做遍了清廷除兵部外几乎所有要职，康熙皇帝 6 次南巡中有两次曾专门到皇城村小驻。陈廷敬去世后，康熙皇帝不仅连续 3 次赐文哀悼，还派胤祉亲临祭奠，足可见其

图 2-1 山西省晋城市阳城县北留镇皇城村

蒙受倚重非比寻常。也正因如此，陈廷敬在世时修建的宰相府无论整体布局还是细微处都彰显着陈家当时的显赫地位和财力，具有深厚历史文化底蕴，村里意识到了这里有商机，极具开发价值。面对被冷落了 300 年的皇城古城堡，皇城人开始了从第一产业和第二产业向第三产业全面挺进的第二次创业。

皇城人先后在皇城相府内修复与修建了内城斗筑居、中道庄、河山楼、石牌楼、御书楼、文昌阁、屯兵洞、小姐院、陈氏宗祠、紫云阡以及皇城古八景（石壁飞鱼、南宅观书、樊溪春晓、静坪红叶、土垸流泉、黄阁青山、梅庄杏花、午亭山庄）等景点，并在其周边开发了海慧寺、莽河自然保护区、九女仙湖、山里泉自然风光旅游区、王莽岭旅游风景区、棋子山风景区、珏山风景名胜区等著名的旅游景点，形成了一个大型的综合旅游休闲度假风景区，满足了游客的各种需求。

1999 年，皇城相府景区接待游客 3 万人（次），门票收入 40 万元。但是真正将这座藏在深山 300 多年少为人知的古城堡推向全国乃至世界是在电视连续剧《康熙王朝》热播之后。1999 年底，村里获悉根据二月河的历史小说《康熙大帝》改编的电视连续剧《康熙王朝》开拍。他们敏锐地意识到，皇城相府的宣传机会来了。不久后的北京大兴县《康熙王朝》拍摄现场，村里的人随身携带的大量陈廷敬史料让剧组制片人和导演大为震撼，双方最终达成协议，将陈廷敬作为这部电视剧中的主要人物推出，篇幅力争 20 集，把皇城村作为部分外景地，鸣谢单位把皇城排在第一位。但这一切，皇城村需支付 280

万元赞助费。当时导演在说出这个价位时以为能给村里人吓回去，但没想到村领导有备而来，坚决地签订了协议。

《康熙王朝》摄制组开进皇城村。后该剧在央视播出，剧中康熙皇帝以庄重亲切的口气吩咐随驾臣子："阳城县北留镇皇城村是户部尚书陈廷敬的老家，朕就在这里下榻吧！"每集终了，鸣谢单位中"皇城相府旅游公司"字样在屏幕上方缓缓飘下。与此同时，周边省份的媒体接连打出"看《康熙王朝》，游皇城相府！"的广告，使得各地游客纷至沓来。2002 年，皇城景区门票收入达 700 万元，2003 年 10 月 1 日，皇城人又完成了一个大手笔，他们经多方协调，在距皇城相府景区不到 3km 的晋阳高速公路上，开一个出口，从郑州机场到皇城相府只用 2h。继《康熙王朝》之后，又有多部影视剧在皇城相府拍摄，皇城相府以其独特的魅力，吸引来数百万海内外游客，被广誉为"东方第一双城古堡"。

皇城相府以其深厚的文化底蕴和旅游业惊人的发展步伐，在短短几年内，摘取了"中国历史文化名村""中国十佳小康村""全国农业旅游示范点""全国文化产业示范基地""国家 AAAAA 级旅游景区""中国最佳旅游景区"和"山西省十佳文明景区"等荣誉桂冠。

案例三　浙江省富阳乡村俱乐部 SWOT 分析

1. 优势（strengths）

（1）区位和客源优势。富阳市距杭州市区 30km，与相邻的桐庐、临安等县（市）的距离也在 1h 车程以内。地处西湖富春江—千岛湖黄金水线中段，杭千高速、320 国道纵贯市区，富春江水上交通直达国内各港口。

杭州白鹤乡村俱乐部地处杭州市郊的富阳城东 7km 处，坐北朝南，北依黄公望国家森林公园，南临富春江，东接杭州市西湖区，西连富阳市区，地理区位优势相当突出。杭州与富阳的天然毗邻关系及行政从属关系使得富阳成为接受杭州区域性经济辐射的重要门户，使得杭州成为白鹤村的主要客源地。优越的区位条件为客源的到来提供了可能性，也使得旅游开发建设的可行性得到保证。

（2）交通优势。白鹤村距杭州市中心仅 25km，距上海 200km，离杭州萧山国际机场 50km，对外交通主干道为 320 同道及江滨东大道，其中沿江的江滨东大道为一级公路，并依村而过，交通非常便捷，可进入性极好。村内的交通道路主要有两条，都直接通往北边的黄公望森林公园，长约1 400m。一条为村民主要交通道路，为水泥路，路宽约 6m；另一条在村的西面，为沿溪公路，柏油路面，主要是黄公望森林公园的交通道路。区内区外的交通优势都非常明显。

（3）生态环境优越。白鹤村东西两面依山，北邻黄公望森林公园，南接沿江大道，主要分布在一个自然环境良好的山坞中，区域呈南北狭长状，人均森林面积1 995m²，全村四季常绿，空气清新，水质清澈，景色绝妙。区内气候温暖湿润，四季分明，热量充足，雨量充沛。绿树成荫，竹篱茅舍处处，家禽轻鸣，田园风光古朴，乡土气息浓郁。黄公望森林公园是富春江—新安江—千岛湖国家级风景名胜区的一级景点，面积 333hm²，生态环境优越。境内山势深远，竹茂林深，有云豹、羚羊等国家一、二级保护动物 49 种，荟萃了亚热带森林景观、世界一流竹种园、黄公望人文史迹遗址、历代知名古塔等。同时由于森林的“凉伞效应”，森林小气候特征明显，尤其是夏日凉爽幽静，是一处天然休闲养生佳园。

（4）资源优势。白鹤村民风淳朴，热情好客，农家菜肴原料以自种自收的蔬菜、家畜为主。富阳资源丰富，特产众多，是全国商品粮基地和重点产茶、产茧地区，芦笋、茶叶、豆腐皮、食用菌、竹笋、银杏、板栗、草莓等特产屡获奖牌，闻名遐迩。

白鹤村自古有“白鹤村果乡”之称，此地盛产稻谷、水果和茶叶，拥有高品位的毗邻旅游资源，为白鹤村开发乡村旅游提供较为良好的资源条件。村内环境保存完好，没有大量人工破坏与工业污染，稍事修整即可使乡村更加整洁、自然、清新。建筑保留着现代浙北农村的面貌，经简单改造与布局可形成独特的个性化风貌。

（5）资金与人才优势。浙江区域内经济发达，可以为白鹤村乡村俱乐部的发展提供较充裕的资金和企业经营人才，同时白鹤村部分经营者已有发展农家乐的经验，这都有利于旅游和当地社会、文化的协调发展，有利于社区居民更好地参与旅游业的发展。

2. 劣势（weaknesses）

（1）乡村旅游自身的劣势。第一，乡村旅游凭借的是乡村特色及乡村环境，它依托的资源不够扎实，文化内涵不够深厚，所以客源也不够牢固。第二，乡村的功能定位是休闲和娱乐，它要求有较高的重访率，所以游客对休闲产品求新求异，对服务质量及经营管理都有较高的要求。第三，乡村旅游季节性很强、旺季短。季节性强及乡村旅游生命周期短的劣根性决定乡村旅游的可持续发展一直是急需突破的难题，也是白鹤村未来发展的一个劣势。

（2）缺乏科学的经营手段和专业人员。乡村旅游作为一种新的农业经营方式，使社区农民由第一产业进入第三产业，跨度很大，显然对于以往专注于传统生产方式的农民来说，缺乏心理、知识以及能力不足。据白鹤村民对旅游开发态度的调查表明：有 76％的居民表示“欢迎”，9％的表示“不欢迎”，还有15％的表示“无所谓”或是“不表态”。在调查当中，我们发现虽然很大一部分居民，尤其是报名开发旅游的农户对旅游开发表示“欢迎”，但是他们还是持“观望”态度，对旅游开发成功并不持乐观态度。而不想涉入旅游业的居民则对旅游开发持“不欢迎”态度。所以在乡村旅游开发前，关注社区参与态度、加强对经营业主的培训是相当重要的。白鹤村人口素质总体较低，科技教育水平的落后将会阻碍乡村旅游的开发与发展。

(3) 基础设施薄弱，环境问题仍很突出。以传统林业和农业为主的乡村经济，2002 年白鹤村村级集体经济固定资产投资1 180万元，集体经济年收入21.8 万元，人均收入7 542元，只能维持乡村生产建设的基本支出。硬件设施跟不上市场的发展要求，例如导引设施、休息设施、安全设施、卫生设施等。环保措施也不得力，缺乏治污排污处理、垃圾收集系统等设施，乡村面貌整体不够理想。

(4) 没有明确的规范标准。包括对乡村旅游或农家乐项目中服务质量的要求，乡村旅游开发规划的编制要求、经营范围与活动内容的核定等方面都缺乏统一、适用的规范标准，从业人员无序竞争、乱收费宰客、游客投诉无门等现象随时可能发生，影响白鹤村目前及未来的发展，是乡村旅游的障碍和隐患。

(5) 水体劣势。白鹤村内水体问题突出，村西面的溪沟干涸，没有活水源，要营造理想活跃的休闲环境需投入较大资金改善现有水环境。

3. 机遇 (opportunities)

(1) 市场机遇。一般而言，区域 GNP 与人均收入水平决定了生存消费、发展消费与享受消费三者之间的比例关系特征。据有关研究表明：当人均国民收入达到 300 美元时，激发近距离旅游；人均国民收入达到1 000美元时，激发中距离旅游。白鹤村未来客源是以附近居民为主。富阳地处富庶的长三角，随着社会经济的大发展，人民生活水平已经处于一个较高的阶段。2003 年富阳市实现国民生产总值 151.6 亿元，财政总收入 17.6 亿元，其中地方财政收入 8.2 亿元；城镇居民人均可支配收入11 929元，农民人均收入6 173元；综合实力位居全国百强县（市）第 38 位。2004 年上半年，实现生产总值 78 亿元，财政总收入达 10.7 亿元，城镇居民人均可支配收入达7 236元。综合考虑当前国内物价以及购买力等因素，富阳城镇居民的生活水平已经达到中等发达国家的水平，由此产生了一大批高消费群体。

相关数据表明，当前杭州市的居民生活水平高于富阳。据抽样调查，2002 年杭州市区居民人均可支配收入11 778元，人均生活费支出9 215元。2003 年和 2004 年杭州的经济持续增长。随着居民可支配收入的不断增长，私家车的数量与日俱增，其出游能力将不断扩张，白鹤乡村旅游市场前景广阔。

(2) 外部环境机遇。杭州市委、市政府的“旅游西进”战略将继续实施，富阳作为旅游西进的重要一站，在未来杭州三大景区之一的近郊景区中将扮演重要角色。同时随着 2006 年世界休闲博览会在杭州举办，白鹤乡村俱乐部这个休闲旅游产品将借助这个平台，吸引更多旅游者的关注。

在政策支持方面，杭州市旅游委、富阳市乡村干部都给予大力支持，富阳农家乐开发已经被写入《杭州市旅游业 2015 年远景规划纲要》，强大的政策优势为开发乡村俱乐部提供良好的保障。俱乐部的生态、可持续、绿色、现代化开发目标正符合富阳的“信用富阳”“数字富阳”“绿色富阳”等经济社会发展目标。

4. 挑战（threats）

（1）周边乡村旅游产品遍地开花。白鹤村发展乡村旅游首先面临的是杭州诸多乡村旅游目的地的竞争威胁。近几年，浙江乡村旅游目的地遍地开花，异常火爆，有的目的地所依托的旅游资源更为牢固，开发的产品也多以休闲度假为主，同时由于休闲客源市场有限，周边先期开发和已有知名度的乡村旅游产品将给白鹤村带来巨大的竞争威胁。

杭州周边农家乐较多，有 60 多家，其中富春江农家乐、大竹海农家乐、白沙村等为最具竞争力的对手。

（2）产品单一，设计难度大，市场认知度较低。白鹤村目前乡村旅游产品单一，主要以农家餐饮为主，缺乏精品项目，在游客心中也缺乏鲜明的乡村旅游目的地形象，认知度较低，市场竞争力弱。同时其依托的资源缺乏个性，为设计乡村旅游产品带来较大难度。有待于旅游产品的不断创新和营销力度的加大。

5. SWOT 分析图

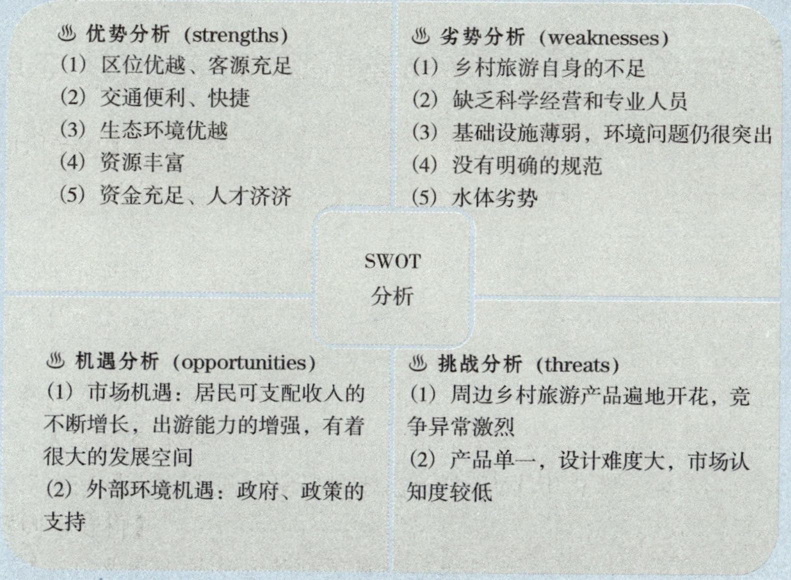

图 2-2　富阳乡村俱乐部 SWOT 分析

6. SWOT 分析的结论 客观分析白鹤村发展乡村旅游的前景，总的来说是机遇与挑战并存。要发展好白鹤乡村旅游，需要及时抓住休闲市场逐渐扩张的机遇，善于迎接同类乡村旅游目的地的挑战。从白鹤村历年发展农家乐乡村旅游的情况表明，农家乐旅游市场已呈下坡的趋势，主要原因有客观外在的，例如政府不够重视；也有主观内在的，例如产品创新力度不够、结构单一，仅以餐饮为主，较难适应旅游市场的需求。从根本上来说，在发展的过程中，对于外在的因素，只能是顺应它、利用它，关键在于乡村社区自身对乡村旅游的重视程度和实际支持的力度，其中政府发展旅游的态度和决心是关键中的关键。

白鹤村在今后的发展中，应打破分散经营的状态，与周边的农业经营者进行联合开发促销，互惠互利，集中人力、物力、财力，统一营销管理，并且加大宣传力度，把价格竞争过渡到以文化为内涵的品牌化竞争，摆脱小农化意识，树立长远的战略眼光，通过园区建设的精品化、优质化、鲜明化，逐渐在市场上确立自身良好的品牌。

应用思考

1. 休闲观光农业园建园的基础及条件是什么？列表简述。
2. SWOT 分析应怎样应用在你们当地的休闲观光农业园建园的分析中？
3. 从“山西省晋城市阳城县北留镇皇城村”的案例中，你得到什么启发？

第三单元　现代休闲观光农业园的选址与经营定位

知识学习

一、现代休闲观光农业园的选址

现代休闲观光农业园一般在原有生产基地的条件上进一步开发而成。从实际情况出发，根据当地农业生产的历史及特点，充分挖掘当地资源，因地制宜地营造有地方特色的农业景观。决定一个地方能否建设现代休闲观光农业园，一般取决于区位条件、立地条件、资源条件及社会经济条件 4 个方面。

（一）区位条件

现代休闲观光农业建园的区位条件是决定休闲观光农业能否成功的首要因素。从旅游区位理论可以看出决定休闲观光农业建园的区位条件主要是客源市场条件和交通条件。

1. 客源市场条件　客源市场是指旅游目的地对地域相异的游客的吸引力及旅客的出游能力，包括人口密度、人均收入、消费水平、闲暇时间、出游形式、旅游偏好等。客源市场条件是现代休闲观光农业建园成功与否的决定性因素之一，客源市场及潜在客源市场的规模、类型是现代休闲观光农业园建设能否进行的首要因素，也是确定旅游项目的依据。

2. 交通条件　游客的出游在很大程度上取决于目的地的交通条件，交通条件的好坏往往与游客的多寡存在一定正相关的关系。影响现代休闲观光农业建园的交通条件主要体现在以下两个方面：①离城市的远近，这直接关系到建园地游客的数量和相应配套设施的健全；②建园地与客源市场的交通便捷程度，这是游客出游考虑的条件之一，直接影响到游客数量。

（二）立地条件

立地条件是指现代休闲观光农业建园地的情况，主要包括自然环境条件和农业基础条件两个方面。立地条件不仅关系到项目的可行性、布局、工程投资大小等，还关系到规划用地开发利用的适用性和经济性。

1. 环境条件　建园地范围内的自然环境条件是建设现代休闲观光农业园

的重要因素。良好的自然环境是现代休闲观光农业的必备条件，也是增强旅游资源吸引力的基础条件。现代休闲观光农业建园地的自然环境条件主要包括植被状况、气候状况、水文水质状况、空气质量以及地形地貌类型五个方面。

2. 农业基础条件 建园地所在地域主要农副产品生产和供应的种类、数量及保障程度对现代休闲观光农业的旅游开发有很大的影响。总的来说，农业的种类、产量和农产品商品率与休闲观光农业旅游开发呈正相关关系。只有对建园地所依托地区的农业基础条件进行仔细地分析和研究，才能确定现代休闲观光农业旅游开发的主要方向。

（三）资源条件

资源条件是建设现代休闲观光农业园的决定性条件，只有合适的资源条件才能建设适宜当地发展的旅游资源。现代休闲观光农业的资源条件主要有自然景观资源和人文景观资源。

1. 自然景观资源条件 选择建设现代休闲观光农业的地区必须具备一定的自然景观资源，在具备自然景观资源条件的地区建园要比花大量人力改造建设休闲观光农业节约资金，并能实现所建现代休闲观光农业园的持续发展。由于现代休闲观光农业园具有强烈的地域性，建园地所在地区的综合自然景观资源条件在一定程度上决定了现代休闲观光农业的开发类型和发展方向。

2. 人文景观资源条件 人文景观资源条件是建园所必须具备的文化条件，例如农村的生活习俗、农事节气、民居村寨、民族歌舞、神话传说、庙会集市以及茶艺、竹艺、绘画、民族歌舞、民居村寨、神话传说、蚕桑、雕刻、史话等都是农村旅游活动的重要组成部分。这些现代休闲观光农业旅游活动中的重要人文景观不仅增长了现代休闲观光农业旅游者的文化知识，而且还提高了休闲观光农业旅游者的文化品位，从而吸引更多的游客前来观赏、研究。

（四）社会经济条件

社会经济条件是决定现代休闲观光农业能否发展的重要因素。影响现代休闲观光农业开发建设的社会经济条件主要包括建园地的区域经济条件、基础设施和旅游发展。

1. 经济条件 经济条件主要是指某区域所处的经济环境，也就是该区域的总体经济发展水平。它涉及经济基础、经济发展水平、资金、技术等多方面。衡量一个地方经济发展水平的重要指标主要有当地的消费能力和投资能力。经济条件对现代休闲观光农业园的开发建设是十分重要的。处在较好经济环境的现代休闲观光农业园优势突出，发展潜力巨大，资源丰富，对该地的发展有很大的推动作用。

2. 基础设施条件 现代休闲观光农业建园的基础设施条件主要包括水、

电、能源、交通、通信等设施。这些基础设施是现代休闲观光农业开发，特别是现代休闲观光农业技术建设中不可缺少的条件和因素，并直接影响到现代休闲观光农业开发建设的难度和投资金额。

3. 旅游发展条件　休闲观光农业旅游的开发与该区域内旅游发展的情况密切相关。有良好旅游发展条件的地区，其旅游业的发展必将带来大量的游客，带动现代休闲观光农业向可持续方向发展，实现创收。

发展形式和内容多样化的现代休闲观光农业园区，既能符合社会经济发展，尤其是农业经济的发展需求，又满足了广大人民群众日益增长的物质文化生活需要。但是，要建设既有特色，又在经营上有所收获的现代休闲观光农业园区，就必须在充分调查当地情况、认真分析建园条件的基础上，进行科学合理的规划及理性的投资和建设，实施科学规范的管理制度，使其在良性的轨道上稳步发展。

二、不同地区现代休闲观光农业园的经营定位

（一）丘陵山区现代休闲观光农业园

1. 我国丘陵地区的特点　丘陵是陆地上起伏和缓、连绵不断的低矮隆起高地。海拔一般在500m以下，相对起伏在200m以下。按其分布位置可分为：山间丘陵、山前丘陵、平原丘陵、海洋丘陵等。丘陵地区，尤其是靠近山地与平原之间的丘陵地区，往往由于山前地下水与地表水由山地供给而水量丰富，自古就是人类依山傍水、防洪、农耕的重要栖息之地，也是果树林带丰产之地，因其风景别致，可开辟为旅游胜地。在丘陵地区开展现代休闲观光农业就是在结合丘陵地貌、突出丘陵生态的基础上，把农业、园林与休闲观光、度假、娱乐、参与等旅游活动有机结合起来。

2. 丘陵地区现代休闲观光农业园经营遵循的原则

（1）方便性原则。现代休闲观光农业应为游人创造方便性条件，一般具有区位优势的现代休闲观光农业区的可进入性高、交通便利、近道近景，且该地区出游半径均小于1km，对拥有双休日的城市居民而言，这种短时间的消费取向最具诱惑；而无区位优势的休闲观光农业区游客则较少，即区位因素与游客多寡具有正相关关系。

（2）因地制宜原则。现代休闲观光农业园应从园区所在地的实际出发，因地制宜，对园区资源进行综合开发。尤其是现代休闲观光项目的开发要充分利用园区内现有的农业生产基础和自然资源条件，努力形成地方特色。现代休闲观光农业园应以保持生态系统的可持续性发展为基础，杜绝大规模的人工建设和对自然的破坏。

现代农业技术的发展使得我们在很大程度上可以在顺应自然生态发展规律的同时获得较大的收益，在现代农业技术支持下发展的现代休闲观光农业型园区更应以贴近自然为特色，在规划建设时强调保护和合理利用自然景观，崇尚自然生态美学的审美观。

（3）农业生产与旅游相结合原则。充分利用原有旅游景区和景点，扩大或增加现代休闲观光农业项目，通过相互带动，开展农游合一的新型产业。

（4）基础性原则。开发与建设休闲观光农业项目，不能仅靠旅游搞“单打一”，而必须考虑其开发基础，包括自然条件基础、历史基础、市场基础、经济基础和农产品品种与产量等方面。

（5）地方特色原则。现代休闲观光农业项目若要保证有较大的吸引力，必须注重发挥地方特色，挖掘本地特色资源，尤其是那些本地所特有的、吸引游客的项目，形成独一无二的旅游亮点，吸引全世界的游客。

3. 经营模式

（1）基于自然景观的休闲观光型发展模式。这种模式适合环境优美、分布于自然风景点（区）周围、借助原有的旅游业基础向外延拓展、目标市场可辐射多个大中城市的消费群。

（2）基于农业产业的休闲观光型发展模式。这种模式更加适合特色农业产业比较发达的地区，它在原有农、林、牧、渔产业发达基础上拓展旅游业，其目标市场可瞄向近邻城市的消费群。该模式又有 4 种类型：

①农园采摘型。现代农园利用开放的果园、菜园、瓜园和花圃等，供游人入园观景、赏花、摘果和劳作，从中体验务农乐趣，享受田园风光。该类型休闲观光农业园宜分布于城市与乡村交错带上。

②森林旅游型。如果所在区域具有多变的地形、辽阔的林地、优美的林相及山谷、奇石、溪流等，则可以采取这种经营模式。林区的优美环境和洁净的空气成为人们放松心情、体验回归大自然情趣和进行休闲度假、以景养情、森林考察、避暑疗养的理想活动场所。

③休闲观光渔业型。在拥有丰富的水体资源的地方，例如池塘、鱼塘和水库进行观赏、垂钓、捕捞、游泳、游艇等水上休闲娱乐活动，也可以出租渔船和汽艇，让游客体验观赏、捕捞、垂钓，同时提供将游客自已捕捞的鱼虾进行免费加工的服务，使游客既享受了休闲的快乐又享受了美食，亲身体会渔家之乐。

④休闲观光牧业型。在有牧场和养殖场的地区，充分挖掘其中的旅游项目，例如放羊、骑马、给奶牛挤奶等活动，给游人提供参与牧业生活的风情乐趣。

（3）基于人文景观的休闲观光型发展模式。如果该地区有很多的名胜古迹，或者民俗民风浓厚，具有鲜明的农村特色地域文化内涵，则可以将其目标市场定为异地的消费群。该模式可选择具有地方或民族特色的村庄稍加整修，发展以“农家乐”为主题的新兴旅游、休闲度假观光农业园区，以农民家庭经营为基础，以田园风光和农家情趣为特色，使游客真正体验以“乡村民间生活、参与农事活动”为主要内容的乡村民俗旅游。游客不仅可享受田园风光，感受民俗风情，还可亲身体验农家生活，亲事一些农田劳作，例如采果、摘菜、喂鸡、放鸭、垂钓、捕鱼，增长见识，满足人们回归自然、返璞归真的心理需求。

（二）水网地区现代休闲观光农业园

1. 水网地区的特点　水网地区一般地势平坦、湖泊众多、沟渠纵横，最常用的交通工具是船。农业一般以种植水稻、油菜、水生蔬菜和饲养鱼、虾、水禽为主。

2. 发展模式　针对水网地区的特点，可以开展以下类型的休闲观光农业园。

（1）休闲度假型。主要是依托自然优美的乡野风景、环保生态的绿色空间，兴建休闲、娱乐、度假区域，为游人提供休憩、游乐、就餐、住宿等服务，满足游客“回归宁静自然、享受安逸生活”的消费需求。例如，在风景优美的景区附近，建造垂钓度假休闲区、园林花卉区、野禽养殖区等，集养殖、垂钓、餐饮、休闲、娱乐、住宿等功能于一体，让游客尽享生态自然之美、农家风情之乐。

（2）生态旅游型。以自然、生态、绿色的农业产业带和农业资源为依托，为游客提供休闲观光、赏景、采摘、游玩等项目，使人们领略到生态农业的自然情趣。例如，依托一些生态茶园、葡萄生产基地等，建成一些休闲体验型的现代休闲观光农业园。

（3）人文景观型。有效利用自然景观，充分挖掘当地丰富的人文资源，开展探幽、访古、赏景等休闲活动。例如，挖掘历史典故，利用一些古寺、古刹等历史遗迹建设生态园林吸引顾客。

（4）科技休闲观光型。兼顾农业生产、科技示范与科普教育功能于一体的新型休闲观光农业形态。通过现代科技和农艺技术的休闲观光和宣传、教育、示范、推广，向人们展示现代农业的风采。

（5）特色餐饮型。凭借其富有地域特色或独树一帜的特色农产品，以安全、绿色、新鲜为主，通过提供自产的蔬菜、家禽、水产品等，让游客品尝原汁原味的农家菜，体验淳厚的农家风情。例如，在湖畔建设餐饮垂钓中心，以本地水产为主打品种，同时可以在湖中小船上设计几个简易的餐厅，让顾客在休闲观光的同时享受美味的特产；让游客亲自参与劳作，例如捕捞、采摘、加工等，在劳动的过程中放松身心。

（三）平原地区现代休闲观光农业园

1. 平原地区的特点　平原地貌宽广低平，起伏很小，海拔多在200m以下。世界平原总面积约占全球陆地面积的1/4，我国平原面积约占全国总面积的1/10。华北平原、东北平原和长江中下游平原是我国的三大平原，平原地区面积广大、土地肥沃、水网密布、交通发达，是经济、文化发展较快的地方。历史上的四大文明古国都是从大河附近的平原上发展起来的。长江中下游平原素有“鱼米之乡”的美称。

2. 平原地区现代休闲观光农业园的经营定位　针对平原地区的特点，可以在该地区开展以下形式的现代休闲观光农业。

（1）农业主题公园。农业主题公园是以农业的某一领域为主题材，进行较大规模投资，以环境效益、社会效益为主要目的，打造某一区域以农业生态建设为亮点的建设项目。农业主题公园的运作要遵循以下原则：

①与城市的发展、绿化和美化相协调的原则。农业主题公园是城市功能设施的一部分，兼具有休闲娱乐、增加城市绿化、体现城市文化品位的作用。

②以农为题，不以农业为主业的原则。在现代都市人中，有很多恋农情结的群体。农业旅游对他们有特殊的吸引力，他们对农业历史、农业文化、农业环境、农事活动、农业产品都十分感兴趣，我们要为他们打造一片以农业为主题的圆梦绿洲。但注意不能建成农业生产基地，因为农业生产带来的脏、乱、臭等问题会造成对环境美感的破坏。

③健康环保的原则。在农业主题公园的规划上遵循健康环保的原则，要尽量避免对生态环境的破坏，为游人提供健康、安全、环保的美好环境。

④农事活动寓于娱乐的原则。在每个时期都可以安排一些农事活动可增加景区的动感和游人的参与性，寓农事活动于娱乐之中，让游人在“过把瘾”的同时也享受到丰收的喜悦气氛。

（2）农业科普教育基地。农业科普教育基地是一种集兼顾生产、科技示范与科普教育功能于一体的农业经营模式。农学是一个综合大学科，专业门类繁多，内容十分丰富。农业科普教育，不但对农业工作者有帮助，对中小学生的生物课教学、科学课教学的实习，也有十分重要的意义。农业科普教育基地常在农业科研基地的基础上建设，利用科研设施作景点，投资不大。在农业科普教育基地的开发规划中，要遵循如下的原则：

①知识性原则。尽可能把基地的一草一木都变成知识的载体，将其系统

化、科学化、人性化，使参观者在这里可以得到全方位的农业知识和生物知识的熏陶。

②科技性原则。把农业科技、环境科技、生物科技等领域的新成果、新创意和新方法都表达展示出来，特别是对当地农业生产有指导示范作用或对中小学生有教育意义的基础性科技、综合性科技知识。

③趣味性原则。寓学习科技知识于娱乐之中，通过看、听、摸、参与，提高游人学习的兴趣，使科普教育与休闲娱乐有机结合起来。

（3）大型农业生产基地。有先进生产水平的、较大规模的农业生产基地，自身隐含着较高的休闲观光游览价值。广袤的田野、大群的牲畜、食品的生产流程等，都能让游人流连忘返。同时，休闲观光旅游活动对农业生产基地的宣传、产品的推广也有帮助，相得益彰。

大型农业生产基地确实具备旅游的价值，对其规划和经营必须遵循如下原则：

①以农业生产为主的原则。以生产效益为主要目标，利用现有的生产项目开展旅游，在旅游线路安排和景点设置上以不影响生产为主，适当合理安排游客服务设施和辅助景点的建设，要使旅游和生产互相协调。

②旅游促进农业生产的原则。在旅游取得直接效益的同时，充分利用游客这一群体，对企业的产品进行宣传推广，通过门票、导游图、游客用餐、抽奖、纪念品、网络等环节，宣传推广产品和企业理念等，获得促进生产的间接效益。

③提高农业机械化水平的原则。要让游客感受到大型农业生产基地的机械化实施优势，体验现代农业的产业化、现代化水平。

（4）特色农业基地。特色农业不同于一般的农业，作为旅游休闲观光园的看点，就必须满足游人求“特”、求“新”的要求。特色农业有十分丰富的资源，包括地方特色、产业特色、文化特色等。对特色农业旅游项目的规划，要把握好如下原则：

①突出特色的原则。特色农业旅游，追求的就是特色，只有特色突出，景点才能有魅力。地方特色的项目，可以从特色的人文风情、特色的自然景观、特色的农业环境去规划；产业特色项目，可以从产业的渊源、产业的发展、产业的知识等方面去规划；文化特色的项目，例如少数民族农耕、客家农耕、潮汕农耕习俗等，要多从该地方或民族的农耕文化、特殊农具、特殊农事、农业丰收庆典方式等方面去规划。

②延长产业链的原则。要发挥特色农业的特色优势，使农业产业向第二、第三产业延伸，相互结合，造就具有特色优势的第二、第三产业。

③安全原则。特色农业旅游项目一般都在边远偏僻的地方，而且项目范围相对较大，甚至是没有边界的，游客和旅游设施的安全问题应作为重要因素在规划中加以考虑。

（5）农家游。最经典的农家游是城市人到农村去与农民同吃农家饭、同住农民屋、同干农业活的“三同”旅游方式。这是由农民提供或出租耕地，让游客参与耕作，种植花草、蔬菜、果树或参与经营家庭农业。其主要目的是让游客体验农业生产的全过程，享受由播种、管理到收获的农作乐趣并得到一定的农业收入。经过若干年的发展，农家游已成为许多都市人利用双休日去消除身心疲劳、逃避都市烦嚣的一个常设旅游项目。品尝田园美食、观赏田园风光，花费不多，既休闲又健康。投资不大，接待成本低，游客的花费较少。

农家游一般都是根据各地的民俗，其规划和经营需符合如下原则：

①入乡随俗的原则。各地农村都有各自的劳作和居家生活特点，农家游是在一般家庭生活方式的前提下开展的，游客自觉或不自觉地按照当地农家的生活习俗来度过愉快的假期。

②淳朴真诚的原则。由于传统农民生活在相对封闭、保守的环境下，使他们对新潮的生活方式了解相对滞后，自然地表达出淳朴与真诚，这也正是疲于紧张生活的都市人所向往的。

③绿色生活的原则。农家游的吸引力在于原生态的田野氛围和农家气息，绿色生活、绿色生产与和谐的社交环境等。无论是食、住、行、游、购、乐，还是生产和生活，都要维护绿色的生活方式。

（四）城郊现代休闲观光农业园

伴随城市化快速发展过程产生的噪音污染、交通拥挤、视野狭窄、绿地减少等不断恶化的城市环境，给城市居民生活带来了各种问题。为缓解这种状况，近年来全球兴起了在城市郊区发展现代休闲观光农业的热潮。现代休闲观光农业园是通过优美的农业自然环境及其相应的农、林、牧、渔业的生产过程和农业农作物，吸引城市居民前往参观、参与、购物和游玩的新型旅游基地。

1. 休闲农业产品体验化及其设计原则 休闲农业产品体验化是指将作为经济产出类型的体验设计成为休闲农业产品的一部分或者设计成为一种体验式休闲农业产品，以吸引旅游者参与和消费来获取体验的高经济附加值，并提高其重复消费频率。休闲农业产品体验化设计的根本原则就是应体现人与自然、文化与环境的和谐共生，具体设计导向就是使游客在差异化休闲农业体验和活动参与中追求身心享受，获得难以忘怀的经历和回忆。既然要增加休闲农业项目的体验属性，那么什么是体验设计呢？

谢佐夫在《体验设计》中的定义是，体验设计是将消费者的参与融入设计中，是企业把服务作为舞台、产品作为道具、环境作为布景，使消费者在商业环境过程中感受到美好的体验过程。因此，休闲农业项目的体验设计可以概括为以旅游者的参与为前提，以项目过程体验为主题，把旅游景点作为舞台，旅游环境作为布景，旅游服务作为支持，旅游项目参与过程就是旅游者的表演过程。休闲农业产品的体验化设计主要应遵循以下 3 个原则：

①参与性原则。亲身参与并互动已成为当前的旅游时尚。现代休闲观光农业园区空间广阔、内容丰富，极富有参与性特点。游客参与到园区生产、生活的方方面面，可以更全面地体验到农产品采摘及农村生活的情趣，使游客享受到原汁原味的乡村文化氛围。

②体验经济性原则。适度追加体验价值的原则。对旅游产品进行多重体验的追加过程不仅是体验效用的追加，同时也是一种成本的追加过程，旅游体验效用随着旅游产品的追加呈现出递减规律。切勿片面强调“体验”量的积累，要最大限度地发挥每一个“体验”要素的效用。

体验经济已经来临，日渐成熟的旅游者也在逐渐注重追求旅游过程中的体验感觉。旅游产品供给者提供旅游体验产品适应了旅游业的发展和旅游消费需求的变化。旅游体验产品虽然是小荷才露尖尖角，但定会成为旅游消费的新亮点和旅游经济的新增长点。

旅游企业服务人员、旅游体验产品特性、游客的个性心理特点和个人知识能力是影响旅游体验效用的主要因素。旅游地居民、旅游同伴、整体的环境氛围和旅行途中的安排是影响旅游体验效用的次要因素。而游客的付出成本与体验效用没有关系。

③全面体验原则。所谓体验，就是企业以服务为舞台、以商品为道具，环绕着消费者，创造出值得消费者回忆的活动。其中的商品是有形的，服务是无形的，而创造出的体验是令人难忘的。体验经济基本特征：非生产性、短周期性、互动性、不可替代性、深刻的烙印性、经济价值的高增进性。体验经济被称为是继农业经济、工业经济和服务经济阶段之后的第四个经济生活发展阶段，也可称为服务经济的延伸。从其工业到农业、商业、计算机业、因特网、旅游业、商业、服务业、餐饮业、娱乐业或影视、主题公园等，各行业都在上演着体验或体验经济。尤其是娱乐业已成为现在世界上发展最快的经济领域。例如，一杯咖啡在家里你自已冲，成本很低，但在有鲜花装饰的、伴随着古典轻柔音乐和名家名画装饰的咖啡屋，一杯咖啡的价格可能超过咖啡成本几倍甚至几十倍，你也认为物有所值。截至目前，有幸进入太空旅游的只有美国富翁

丹尼斯·蒂托和南非商人马克·沙特尔沃斯，他们各自为自己的太空体验支付了2 000万美元的天价，而普通工人一个月的工资也不过几千元，这就是体验经济的暴利经济。

在体验经济时代，把商品的机能性（品质）、情感性（个性）甚至社会性（身份地位）等融入产品设计中，已成为未来的发展趋势。在这一趋势下，休闲农业领域的旅游企业主要关注的已不仅仅是提供产品，而是提供舞台（即旅游产品生产、消费的场所），营造全身心的旅游体验。包括从视觉、听觉、嗅觉、味觉、触觉各要素向游客提供感观刺激。“全面”首先是体现在“体验”，要涵盖体验的5个领域，而非局限于某一方面；其次是强调包括视觉、听觉、嗅觉、味觉和触觉在内的全方位的感官冲击，因为一项活动越能有效地刺激感官，就越不容易让人忘记。

休闲体验旅游的总体目标是使游客在活动中感受到美好的体验，这种体验既能满足个人心理需要、获得独特感受、展示个性特征，又能为游客留下唯一、独特、不可复制的回忆和感受。因此，将体验经济的理念融入休闲农业的开发经营活动中，是未来休闲农业类旅游企业提高市场竞争力，赢得游客青睐的关键。

2. 休闲农业产品体验化经营要点

（1）设计主题鲜明的特色产品。休闲农业产品要体现出新鲜感，首先必须要有特色，即独特性，其次要具有唯一的主题，最后要提供给游客多元化的产品选择。在项目设计中，主题是十分重要的，特别需要体现地方特色。休闲农业产品设计可以呈现多姿多彩的旅游体验主题，例如采草莓、插秧、骑马、挤牛奶、剪羊毛等丰富多彩的游客体验活动。

将农业生产场所、农产品消费场所和休闲旅游场所结合于一体的区域，会产生独特的效果。例如，葡萄公园将葡萄园的观赏、采摘和品尝，以及与葡萄有关的品评、写作、绘画、摄影等与季节庆典活动融为一体，达到休闲娱乐的效果。

（2）开展游客参与的农事活动。发展体验农业，就是向长期居住在城市、没有参加过农业劳作的人们提供参与劳动的机会和空间，并传授相关农业知识，为“四体不勤，五谷不分”的城市新生代提供小块耕地尝试耕作，亲身体验农业生产过程，主要目的是让市民体验农业生产的甘苦，享受耕作的乐趣。此外，可以在游客中开展劳动竞赛，看看谁是种田能手，示范传授当地土特产的制作，并让游客亲手学习，尝尝自己的劳动果实。

（3）推出科、旅结合的休闲项目。将农业高科技产品与旅游相结合推出的休闲项目，是目前休闲农业发展新的趋势。一方面，充分开发农业自身所蕴含的文化，通过展示农产品历史、传统生产过程，丰富的产品文化内涵；另一方面，积极推广实用科学技术，传播现代农业科技知识，例如通过对无土栽培繁殖的农作物、嫁接的农作物以及太空作物的展示，让游客在寻求体验的过程中增长知识，增强对游客的吸引力。

（4）构建氛围浓厚的景观体系。以农业生产为背景，以体现农趣为主题，用“破”与“立”的方式建设现代休闲观光农业园区，形成“可游、可览、可居”的环境景观，构筑出风格自然淳朴、田园气息浓厚的空间休闲系统。景观规划设计充分以原有绿化树种、农作物为主要植物材料进行园林景观的营造，各景观功能区突出以人为本，同时与生产相结合，根据不同地块、不同树种和品种的观赏价值进行安排，使人们在休闲体验中领略到农耕文化及乡土民风的神奇魅力。

总之，体验时代的来临，对现代休闲观光农业园来说，不仅是一种挑战，更是一种发展机遇。通过满足旅游消费者多元化、个性化的需要，拓展出现代休闲度假的第二空间，同时也获得了良好的经济效益。而对于旅游目的地来说，现代休闲农业所倡导的“人与自然和谐相处”“绿色旅游”等理念，客观上也有利于可持续旅游战略的落实，有利于当地居民最大限度的参与旅游开发与经营，从而实现旅游目的地经济、社会及生态效益的最大化。

21 世纪以来，在北京、上海、江苏和广东等地的一些大城市的近郊，还出现了引进国际先进现代农业设施的现代农业休闲观光园，展示计算机自动控制温度、湿度、施肥以及无土栽培和新、特农产品种，成为农业科普旅游基地。例如上海旅游新区的孙桥现代农业园区、北京的锦绣大地农业休闲观光园、苏州的大地园、无锡的大浮休闲观光农业园和珠海农业科技基地等。

案例与分析

案例一 丘陵山区观光农业园
——江苏省宜兴市芙蓉寺旅游区

1. 区位、立地条件 芙蓉寺旅游区位于苏、浙、皖三省交界的太湖风景名胜区阳羡景区，周边旅游景点丰富，例如芙蓉竹海、经济林、芙蓉山庄、茶园、芙蓉山度假疗养区、宜兴抽水蓄能电站工业游览区等。宁杭高速、锡宜高速、新长铁路等交通要道紧紧相依，交通极为便利。

2. 资源条件 芙蓉寺名字源于芙蓉山，原寺庙依山而建。芙蓉山因有山头五座，从空中俯瞰形似芙蓉花而得名。据历史记载，芙蓉寺始建于唐乾元初（公元 758 年），规模宏大，景色奇丽，历经宋、元、明、清、民国等多个时期，是曾经和杭州灵隐寺、苏州寒山寺齐名的江南名刹，20 世纪 60 年代初拆除，目前古寺虽已破坏，但禅碑、佛器、石墩等古迹仍得以保存，具有十分珍贵的历史文化价值。原寺庙大殿前的两棵古银杏树，相传为禅寺始建时寺僧所种，至今已千年有余。

景区山间植被种类繁多，其中常绿树24种、落叶树48种、竹类7种、林下植物 11 种，山下平地 30%的茶园，属半丘陵半平原型农业园区。景区峡谷幽深、古树茂密、茶竹如海，拥有芙蓉灵迹、东坡石刻、千年银杏、竹海松涛、生态茶园等十多个集自然与人文于一体的生态园林景观，现有珍稀植物 300 余种，被称为“天然植物园”。芙蓉竹海，闻涛阁茶楼就处于竹林深处，在这儿品茶，如坐竹之巅、云之尾，山风轻拂，凉爽之至。芙蓉的水因芙蓉山天然黄石地质显得格外清澈、甘洌，水质达到国家一级饮用水标准，可以直接饮用。

“潺潺溪水兮流淌，蓝蓝高天兮无云；青青竹林兮翠绿，啾啾小鸟兮无名；小小鱼虾兮畅游，怪怪卧石兮无言。”这寺、这山、这茶、这水，构成了芙蓉寺旅游区独特的自然禀赋。

3. 发展模式 本着生态优先与可持续发展、因地制宜的规划原则，芙蓉寺旅游区分别开发成芙蓉寺、竹海、经济林、芙蓉山庄、芙蓉园、农业园、休闲观光茶园等旅游项目。其中的休闲观光茶园、芙蓉园以及芙蓉寺风景区在原有林木的基础上添加了一些体现本区特色的植被，形成了一道独特的风景。

园区内的芙蓉山庄占地约 133hm^2，拥有四星级客房 90 余间、豪华套间 19 个，各类会议室 11 个，可以同时容纳 160 余人住宿、360 余人就餐，并拥有网球场、游泳馆、健身房、娱乐中心和拓展训练基地、法制教育基地等先进的配套设施，是一所综合性的旅游、度假、休闲、会议中心和开放式公园。

江苏省宜兴芙蓉寺旅游区是一个综合性非常强的园区，它是一个集多种旅游项目与景点为一体的观光旅游区，也是一个集学习佛教历史知识与茶业文化的休闲、娱乐旅游区。

案例二　水网地区观光农业园
——苏州未来农林大世界

1. 区位、立地条件 苏州未来农林大世界位于中国江苏省苏州市吴中区环湖路，于 1995 年开发建设，现有面积约 66.67hm^2，是一个以“汇聚现代农林科技，展示未来自然田园”为发展主题，集现代农、林、牧、渔等农业科技、国际展览、销售贸易、产业招商、现代农业休闲观光等为一体的大型生态农园。

2. 资源条件 园区地处“人间天堂”的苏州郊外太湖之滨，依托太湖的

图 3-1　水网地区观光农业园

秀美山水，园区建有以“生态旅游、趣味互动”为主题的项目 30 多个，如占地 $4hm^2$ 的果蔬采摘园；捞鱼、钓虾、捉泥鳅的鱼趣园；广受年轻游客的欢迎，占地 $0.5hm^2$ 的休闲滑草场；枪林弹雨中，体验战场感觉的真人 CS；让你自由飞奔的跑马场和以经营“农家菜、太湖湖鲜、野地烧烤”三大特色的醉绿园酒店等项目，都使自然景观条件与人文景观条件和谐的结合在一起，极具观赏性、参与性、科普性、趣味性，日益成为人们亲近山水、回归自然的生态乐园。

3. 发展模式

（1）涉农会展培训。展场提供、展会主办、农技博览、农机演示、研讨交流、座谈培训。以绝佳的地理位置、优良的基础设施、专业的服务体系，为国内、国际农林企业展示展览农林科技产品、材料、机械和设备，技术推广交流等会议服务。

（2）涉农商贸投资。开展及进行国内外农商贸易与投资，为国内外农贸公司在农、林、牧、渔领域的投资与交易提供商贸合作的平台。主要涉农商贸项目包括，国际贸易、草业贸易、水族贸易、植物组织、绿化苗木等。

（3）农业休闲观光。依托秀美的太湖山水，结合现代农技展示，提供极富特色的农林休闲观光旅游项目，开展现代农业参观、农家餐点、学农实践、果蔬采摘、烧烤野炊、素质训练等服务项目。

苏州未来农林大世界是外商投资中国农业的典型，作为一个成功的农业科技园区，未来农林大世界已受到了社会各界的广泛关注，并有国内外数十个国家元首、领导人来园视察，前来参观、考察、学习的农业专业人士及农业商家更是络绎不绝。现在的园区日益成为集农业科技展示、科普教育、农事体验、休闲度假、绿色餐饮、会议培训、商务活动等服务功能为一体的大型综合性农业园区。

案例三　平原地区观光农业园——宁夏平原

1. 区位、立地条件　宁夏平原又称银川平原，位于宁夏回族自治区中部黄河两岸，包括镶川平原和卫宁平原。面积816 400hm^2，滔滔黄河斜贯其间，沿黄两岸地势平坦，早在2 000多年以前先民们就凿渠引水，灌溉农田，秦渠、汉渠、唐渠延名至今，流淌至今，形成了大面积的自流灌溉区。“天下黄河富宁夏”是自古以来对宁夏平原得益于黄河灌溉之利、农业发达的赞誉。

宁夏交通运输较为便利，方便游客进出景区。现有包兰、宝中、甘武3条铁路干线，是对外的主要通道；公路四通八达，现有109、110等6条国道和7条省道；河东机场为4D级，属国内干线机场，也是欧亚国际航道重要的备降机场，现有银川至北京、上海、广州、沈阳、昆明、成都、乌鲁木齐等地的航线。

2. 资源条件　宁夏出产的大米以品优质佳著称于世，被称为“珍珠米”，清朝就被列为“朔方贡米”。青铜峡叶盛镇出产的“白皮大稻”加工的精米，颗粒饱满，晶莹洁白，是宁夏大米中的上品，享誉国内外。

宁夏农田灌溉的历史悠久，渠系配套，设施完善，有“天然水利博物馆”之称。宁夏平原的湖泊和人工鱼塘水产品品种多、产量大，人均占有量居西北之首，产品辐射周边地区，是“塞上江南、鱼米之乡”的真实写照。

宁夏自古就是瓜果之乡，以致韦蟾有诗赞曰“贺兰山下瓜果成，塞北江南旧有名”，形象地赞誉了当时“塞北江南”的景致和发达的灌溉农林业。宁夏的酿酒葡萄机器加工产品已具有很高的知名度，今年有新的技术和品种引进，在此基础上可以建立休闲观光果园。

3. 发展模式

（1）水利灌溉现代休闲观光园区。园区建于青铜峡市，新建一座“黄河水利博物馆”，使青铜峡露天“水利博物馆”和室内水利博物馆并存，产生聚合效益。

（2）园林瓜果现代休闲观光园区。园区建于银川市西南郊玉泉营农场，在已有酿酒葡萄种植的基础上，继续扩大种植和培育新品种，建立自摘葡萄园、天下名葡园，开发葡萄文化系列旅游项目，并增加瓜果品种，向立体、高效方向发展，增强视觉美感，营造贺兰山下瓜果城的氛围，形成一道靓丽的风景线。

（3）平原湖泊现代休闲观光渔业园区。园区设于沙湖旅游区，依托旅游区的知名度和丰富的资源，建设一座以鸟类和水生生物为主要内容的自然博物馆，介绍鸟的起源、分类、生活习性，沙湖旅游区鸟的种类、时空分布特征等，介绍陆地水生生物的种类，湖泊生态系统的结构，沙湖水体中的水生生物种类，沙湖水域生态系统的结构、能量流动、生物量产出等，以标本、模型、录像等生动、形象、活泼的形式展出，提高沙湖旅游区的知识含量和文化品位。开展湖泊休闲观光、观鸟、观鱼、娱乐、垂钓、美食、购物等多种形式的旅游。

宁夏平原开展现代休闲观光农业旅游具有雄厚的资源依托和巨大的发展前景。宁夏平原观光农业旅游资源具有空间集聚、功能多样、开发度弱和品质优越等特点，只要适度有序地开发，就可以为宁夏旅游业做出特殊贡献。

案例四　城郊观光农业园——上海孙桥现代农业园区

1. 区位、立地条件　上海孙桥现代农业园区成立于1994年，是全国第一个综合性的现代农业开发区，开发面积为400hm²，地处上海浦东新区中心地带，地理位置优越，交通发达，是中国农业与世界农业接轨、传统农业与现代农业转变的桥梁。开发区的建立旨在加速浦东一流农业建设和城乡一体化进程，成为推动上海市郊乃至长江流域现代农业发展的示范样板。

园区位于外环线内侧东南角位置，距离浦东国际机场 12km。开发区与外界的交通联系通过城市主干道（申江路、沔北路、金科南路、华夏路）和城市快速干道（环南一大道、环东二大道）与上海市道路网络衔接。

图 3-2　城郊观光农业园

2. 资源条件　园区地势平坦，土壤肥沃，农业开发用地受到保护。气候温和，四季分明，年均气温 15.5℃。区域内河流纵横，灌排便利，淡水资源得到充分保障。经上海市农业环境监测站测定，园区农田灌溉水、土壤、大气等污染综合指数和 pH 均在标准范围之内，符合生产绿色食品要求。经多年开发建设，开发区已形成天蓝、水清、地绿、蔬菜满园、瓜果满枝、鱼蟹满池、莲藕满塘、四季花香、鹭岛成群的良好生态环境。

开发区以现代科技武装的工厂化、设施化农业为基础，以高科技生物工程、与设施农业相关的加工工业和农产品加工业为主导，以内外贸为纽带，走产加销一体、农科游结合的农业产业化道路，发挥生产示范、推广辐射、旅游观光、科普教育和出口创汇五大功能，实现社会、生态、经济效益三统一。五年多来，投入开发资金人民币 3 亿多元。以无土栽培、营养液配方施肥、电脑自动化控制等高科技武装，由自控玻璃温室、双层薄膜自动充气温室、育苗工厂、食用菌工厂等组成的设施农业已形成 50 多万 m^2 规模；已开发符合绿色食品标准的蔬菜、瓜果、鸡蛋、猪肉以及名特优水产、食用菌、花卉、微生物复合制剂等 200 多个品种，产品进入航空公司、涉外宾馆、大型超市和出口外销；已发挥生产示范、推广辐射、科普教育和旅游观光功能，累计接待国内外宾客 100 万人（次）；已有国内外几十家客商入驻落户。

3. 发展模式　孙桥现代农业园的建设和经营主要从以下几个方面考虑：

（1）坚持都市型农业的发展方向，借鉴国外成熟的经验，按都市农业的标准，将开发区建成中高档农副产品的产地、科普教育技术培训的基地、农业科技项目试验场地、休闲旅游度假的胜地和调节城市生态、美化环境的绿地。

（2）坚持有所为，有所不为的原则。鼓励发展与国家政策相吻合的项目，取得国家、省市对建设项目的各项支持，分析上海发展现代农业的优势和劣势，扬长避短。

（3）坚持以发展科技项目为主，带动农业的休闲。不断发展先进的农业科技项目，增加新内容，提高园区的科技含量，提高园区的整体示范效果和休闲观光旅游功能，使园区社会效益和经济效益并进。

应用思考

1. 根据以上成功案例，以及我国不同地区的环境条件差异，分别提出每个案例中还可以增加的经营项目，说明原因。

2. 休闲观光农业园的经营定位除了按地区划分外，还可以按什么分类？

3. 调查你所在地的区位条件、立地条件、资源条件及社会经济条件，确定适合建设的休闲观光农业园区的类型。

第四单元　现代休闲观光农业园区规划

知识学习

一、规划原则

规划原则是整个规划设计工作的纲领。尽管各个园区的具体条件有所不同，每一个园区应用的规划原则可能存在一些差异，但是我们可以根据现代休闲观光农业的特点，把握一些共性。

（一）以农业为本、“农游”结合原则

休闲农业的特点是农业与旅游业相结合，农业资源的妥善应用，是现代休闲农园经营的基本生存条件。坚持以农业为本、“农游”结合的原则，可以协调各种效益的关系。

以农业为本、“农游”结合营造的环境、景观，设计的体验活动与饮食是休闲农业的比较优势之所在，是核心竞争力的构建基础，也是取得良好经济效益的可能途径。休闲农业园区要通过两者之间的相互带动，达到经济、环境、社会三大效益的统一。

（二）因地制宜原则

因地制宜是普遍适用的原则。农业是强烈地受制于地域自然环境的行业，在引进新品种、新技术时，一定要慎重考虑自然条件的适应性。现代休闲农园的规划设计应以当地自然生态农业景观为中心，突出自然环境、民族气息、历史文化特色，因地制宜地开发旅游产品，科学合理地设计旅游路线。特色是休闲农业发展的生命之所在，越有特色其竞争力和发展潜力就越强，因此，园区的建设要与实际相结合，明确资源优势，保持其垄断性地位。

（三）突出乡土性原则

对于旅游市场，与城市环境具有差异性的休闲空间和美丽景色是吸引游客的重要来源，休闲观光农业项目一般缺乏高品级的休闲观光资源（否则已经开发成风景名胜区等），其生产、生活、生态三位一体构建的乡土性休闲空间和场景才是核心竞争力之所在。乡土性越明显，与城市的差异性越大，休闲观光

农业的竞争力就越强，对城市居民的吸引力就越大。

从本质上看，休闲与旅游还是一种生活形态，休闲农业提供的是一种与城市不同的农业社会与环境，提供怀旧、回归、新奇、放松等体验。我们在做设施设计方案时要充分利用当地的乡土元素，尽量采用当地传统民居建筑风格；绿化树种的选择大多采用乡土植物，保持原有农业文化形态。

（四）兼顾综合效益原则

综合效益，尤其是社会和环境效益是政府所追求的目标，也是政府制定扶持政策的依据。

经济效益是项目经营业主的主要目标。但休闲观光农业与纯农业经营有所不同，生态环境质量是旅游吸引力和竞争力的主要基础，维护好经营场所和周边的生态环境质量是实现经济效益的前提。这样，企业、业主、政府的生态环境目标就可以达成一致。

游客在休闲活动过程中是流动的，他们在活动过程中必然要接触周边乡村的人群，使用公共服务设施。休闲农业不像工业化的纯农业可以在一个围墙内完成生产经营，经营的成功与否很大程度上取决于周边社会的支持和协同。为周边社区创造社会效益也是项目成功的保证。例如，在“绍兴香雪梅海”园区规划和设计时，我们把提高青梅的综合效益放在首要地位，将园区建设成为集休闲观光旅游、度假休闲、文化科普娱乐、生产与环保为一体的风光优美的生态农业园。规划的指导思想是从生态学和生态景观出发，充分利用当地的自然资源、农业资源和文化资源对青梅产区进行合理布局，同时将这些资源融入高效农业的生产过程中，从而创造具有高生产率的、环境优美的可持续发展的生产区和旅游区。

（五）以生态农业技术为支持原则

虽然休闲观光农业不排除现代化的设施种植、养殖技术，但不应成为主流。以传统精耕细作为基础的生态农业技术可以更好地将休闲观光农业的多个目标结合在一起，创造更大的综合效益。以生态农业技术为支持的生产体系能提供丰富的生物景观，承载更多的农耕文化，让游客更好地参与体验，保护与优化生态环境，增加农民的就业机会，更好地与农村劳动力的技术水平相适应。吴江市苗圃就是典型的案例，他同时达到了一个生态科技园的要求。

（六）适应市场与创造市场相结合的原则

休闲观光农业作为一种旅游产品，当然要适应旅游需求市场，提供给旅游消费者一种实际效用，满足人们的某类消费动机。但仅仅被动地满足消费者还是不够的，一项成功的产品规划设计需要主动地创造市场。休闲观光农业在我国还属于发展初期，广大消费者还不是很熟悉，因此，主动地创造市场尤为重要。

（七）尊重现状与产品创新相结合的原则

尊重环境、民俗文化的现状才能保持地方独特性和乡村性。尊重现状不是一切都保持原有状态，而是在进行旅游项目、设施规划设计与建设过程中要尽量保持环境的原生态特点，不能将民俗文化进行曲解与庸俗化。在活动设计时，应注重创新。例如，“绍兴香雪梅海”园区规划和设计，设计者尊重园区自然生态现状，并针对梅文化的延伸产品进行了大量的创新；“山伢儿方案”则充分挖掘了竹文化及与竹笋关联的活动。

（八）社区整体发展与各方参与原则

当一个休闲观光农业项目成为业主、周围村民、政府与专家的集体共生儿时，往往取得经营成功的可能性较大。在规划设计过程中，业主、政府与专家的想法与意见往往容易体现，而周围村民的想法与意见最容易被忽视。国外的成功经验表明，周围村民共同参与、思考与诊断建设方案，是项目成功开展的重要保证。

各方参与规划有利于跳出一个特定的园区范围来考虑，能更多地将当地文化、景观、生态等各方面的地方资源进行整合。产生一个地方整体发展的规划方案，使园区与当地社区关联，形成产业的丰富性与综合竞争力。

我们规划大部分项目时，都跳出了园区的地理界限，将当地旅游资源与旅游接待设施进行整体考虑，将农业与旅游产品的供给向园区外的农户延伸，以求取得综合发展的效果。在规划过程中，自觉地与当地农民交流，了解他们的想法，并吸纳他们好的建议。

二、园区设置典型项目

（一）特色自然资源

特色自然资源的项目设计有三个主要的出发点：一是感受主题风情。以特殊的自然资源主题作为造园设计的出发点，仿造出某种感官情境，让游客体验怀旧之情、异国情调或虚幻时空。二是欣赏乡野景观。透过漫步、骑自行车、夜游等方式，观赏景致，亦可聆听虫鸣鸟叫，与野生动植物共享自然之美。三是心灵舒压疗养。让游客通过听音乐、静坐、对话等活动，调养身心压力、陶冶性情。

1. 温泉疗养 温泉水富含硫黄、钙、镁、钾、钠、银、铁及少量放射性的钍、镭、氡等30多种有益人体健康的元素。蒸浴过程中，随着室温的升高，体内毒素随汗液排出的同时，这些有效元素通过辐射进入体内，从而起到治疗保健、益气防衰、保肝健脾、解毒消肿的功效。其中可有涌泉池、冲浪池、日光浴、干蒸、桑拿湿蒸等。

2. 森林公园

（1）特定分收林。贩卖乡产林木的一半所有权，30年后开发的利益由村民及契约者对分。对购买者发给证明，当其来此村度假时，可享受产物的折扣及赠送。

（2）百味果园区。不同的季节来这里都可以体验采摘的乐趣，亲手采摘樱桃番茄、水果萝卜、南瓜、黄瓜、猕猴桃、无花果、葡萄、桃子、梨、杨梅等各类蔬菜水果，收获丰收的喜乐。

3. 湖泊休闲观光

（1）观湖风景台。登上观湖台，美景尽收眼底。在观湖台上可品茶、聊天，静静体味这番意境。

（2）湖中泛舟。在碧波的湖面上，荡起双桨，远处是点点的青山，近处是依依的垂柳，拂面是凉爽的微风，让游客如畅游在画中。

（3）风车阵。巧妙地利用风力，实现自动提水和发电功能。不断更换的湖水，更利于鱼虾生长。风力发电还能提供楼房的照明。在蔚蓝的天空下，浩瀚的湖边，古老风车摇动着的不仅是悠古的情丝。

（4）水趣园。通常利用滩涂、湖面、水库、池塘等水体，开发具有参与、休闲观光功能的旅游项目，在这里游客可以体验摸鱼、划皮艇的乐趣。

（5）锦鲤池。水面清澈，锦鲤漂亮，观赏价值很高，人们可以亲近鱼儿。锦鲤池作为旅游休闲观光也是一道亮丽的水体景观，东莞市茶山金樱锦鲤场可谓是典范。

（6）水族馆。可以展示来自不同地区的水族品种，例如叶海龙、草海龙、锯鳐、水母、章鱼、翻车鱼、鳖鱼卵、帝王企鹅等珍稀的水族。游客可以亲近动物，体验惊险刺激。

（7）垂钓中心。为都市人度假旅游或商贸洽谈提供重要的休闲娱乐场地。

4. 休闲观光牧场

（1）趣味牧场。展示各种宠物、名贵鸟类、稀有动物、家禽家畜，有鸵鸟、孔雀、鸡、鸭、鹅、猪等，游客可以给它们喂食，与它们拍照留念，了解它们的习性，体味其中的真趣。

（2）示范奶牛。让游客与奶牛亲密接触，例如喂养奶牛、自行购奶、与奶牛合影，还可以接受科普教育，了解我们每日喝的鲜奶是怎样生产出来的。

（3）跑马。着戎装、跨骏马，在广阔的跑马场上，尽情体验驰骋的乐趣，展现豪迈的英姿。

（4）羊之家。典型的趣味养殖类项目，在园里喂养小羊，培养游客（特别是青少年）的爱心，培养人与动物和谐相处的情操。

（5）小猪运动场。游客可以与小猪亲密接触，可以观看小猪赛跑与竞技表演。

（二）农业资源

1. 体验农产作业 供游客参与或观赏农产品经营之过程，享受收成之乐趣，或学习分级包装、加工、拍卖等农产运销活动。

2. 果蔬采摘 不同的季节来这里都可以体验采摘的乐趣，亲手采摘樱桃番茄、水果萝卜、南瓜、黄瓜、猕猴桃、无花果、葡萄、桃子、梨、杨梅等各类蔬菜水果，收获丰收的喜乐。

3. 无土蔬菜园 无公害无土栽培是一种不用天然土壤，而使用营养液灌溉植物根系，或使用有机固态肥并直接用清水灌溉作物的新技术。无公害无土栽培出的蔬菜，其品质、色泽、口感均比传统种植的蔬菜好，且营养均衡。就休闲观光农业而言，无土蔬菜园对于参观者来说可以观察其生长与培育过程，还可以品尝、购买蔬菜产品。杨凌现代农业科技园示范区与烟台农博园无土蔬菜栽培的项目就非常成功。

4. 番茄园 无土栽培，在温室大棚内多年生长，一棵可以结 1 万多个番茄，常年挂果，非常壮观，游人可以采摘和品尝西红柿的果实。

5. 南瓜园 种植多种珍奇南瓜品种。南瓜形态各异，色彩丰富，既可食用，又可做家居摆设。珠海生态农业科技园的南瓜可谓该园的经典产品。

6. 菱角塘 利用滩涂、池塘等水体，开发构成典型的水生景观。不仅吸引游客采摘菱角，同时游客也可以参与划船的运动。

7. 藕园 荷花过后挖藕，可谓一箭双雕，资源的双重利用。

8. 组织培养馆 展示先进的植物克隆技术。游客可看到在无菌情况下移植组织及其培养过程，例如在实验室生产的微型玫瑰。

9. 市民农园 城市居民租用农地来耕作，用来种植花草、蔬菜或经营家庭农艺。农产品自己享用，不以盈利为目的。市民农园在德国、法国与日本很受城市居民青睐。

10. 农作物观赏栽培 以普通大田作物、蔬菜、药用植物等作为景观培育对象，把这些能为人类生活提供食物来源和特殊用途的农作物的生产环境改造演变为一种休闲观光的景观环境，使农作物的生产功能向休闲观光功能拓展。

（三）民俗文化活动

民俗文化活动有助于游客参与地方文化，体验农村的人文生活、享受童玩乐趣、制作手工艺品、探索地方的历史古迹、认识乡土的民俗节庆等。

1. 民俗馆　展示当地的农耕文化和民俗文化，提供乡土文化教育的场所。馆内摆设古时候人们生活、生产所用的器物，例如椿糍粑用的石臼、翻地用的铁犁、取暖用的火笼等，并且民俗馆还提供民间传统文化表演的舞台，游客可以参与表演。展示各种生活、生产用具，例如碾米、舂米、风车等用具。营造一种原生态环境和文化氛围，例如游客吃到的特色食物全部手工制作，让游客体验碾子碾米、石磨豆腐等乐趣。

2. 手工坊　包括与农业相关的具有地方特色的工艺品及其加工制作过程，可以让游人观看艺人的精湛技艺或组织游人自己参加编织活动，以增强休闲观光农业的参与性，学习各种技艺。例如，海南利用椰子壳制作兼有实用和纪念用途的茶具；云南用棕榈编织的小人、脸谱及玩具；各地用竹子、玉米叶、麦秸等编造的众多美术工艺品等。

3. 水车　是古代劳动人民用来进行田地灌溉和引水的劳动工具。最新设计和研制的水车，设备造型庞大，宏伟壮观，是集观赏与美化环境于一体的娱乐设施。

4. 农业园节庆　园区主人根据自己的经营卖点，把某一时段设为园庆时间。在节庆时间举办一系列活动吸引游客前来，扩大本园的知名度。例如南京江心洲一年一度的葡萄节。

（四）科普教育活动

为游客提供生态解说、环保概念、野外求生知识与技能的学习活动，也包括展览馆的静态教学和动态导览。活动设计将农业生产和教育相结合。

1. 瓜豆知识长廊　各种瓜果、豆科爬藤类植物架起的知识长廊，不但可为游客遮阴，提供休息的地方，还可以为游客提供科普认知的场所。

2. 科普馆　为参观者提供传授农业历史、生产文化、农业技术等知识的平台，增强游客尤其是城市的青少年朋友对农业的兴趣和农业的认知。

3. 生物实验室　一般对青少年游客开放，游客不仅能够明白生物是如何培育出来的，而且也可以自己动手实验。

4. 休闲学校　供小学生过团体生活，活动包括扫除及自然观察等。

5. 青少年之岛　以“不建设施”的开发方式，让青少年居住于偏僻乡村的空房内，体验无自来水、无电的生活。

知识小窗口

西北农林科技大学博览园，建设占地 8.67hm^2，包括逸夫科技馆昆虫博物馆、动物博物馆和土壤博物馆、植物博物馆、中国农业历史博物馆 5 个专业博物馆和室外蝴蝶园、树木园及多种植物种质资源圃等，是国内在建的最大农业博物馆组群，并先后被命名为“中国青年科技创新行动教育基地”“陕西省青少年教育基地”“陕西省科普教育基地”和“全国科普教育基地”等称号。

（五）体验娱乐活动

1. 户外健身运动 水池、草地、游憩设施与各类活动广场，可以在其间从事戏水、划船、打球、体能训练、射箭、骑马等活动。

2. 滑草场 浓郁的大自然气息，春夏绿草如茵，空气清新，秋冬金黄色的草坪，让您感到煦煦暖意，是一项集健身和娱乐于一体的健康运动。

3. 烧烤园 位于园区内场地宽广、空气清新的区域，将烧烤与大自然有机融合，深受城市居民的喜爱。

4. 植物迷宫 不仅能供人游乐，给人心旷神怡的清新感以缓解人们的精神疲劳，还能起到绿化和改善环境的作用，为游客提供学习生态植物知识的科普园和休闲娱乐的好去处。植物迷宫通常造型多样，纵横交错，四通八达，外形美观。一般在通道间配置多种花木景观以及亭台楼阁等，增加游人在迷宫中逗留时间。

5. 森林球场 本项目布局可以简易，但是对地形地势的要求高。

6. 趣味桥阵 集青少年体能与心理训练为一体的活动项目。在寓教于乐中训练青少年体魄，培养大胆心细、勇敢智慧、坚韧不拔和团队协作的精神。

7. 水上步行球 集游乐、健身、竞技于一体的高雅运动，可以让游客零距离领略到水上运动的乐趣。同时，通过在水上步行活动锻炼，极大地提高身体的平衡能力、动作协调能力。水上步行球直径从 1.8～4m 不等，总体积达到 3m^{3}以上，可以承载超过 3t 的重量。现代高科技的技术保障，使游客可以大胆地体验现代时尚游乐带来的乐趣，感受水上行走的无穷魅力。

8. 儿童乐园 在园内，小朋友们可以找到属于自己的天地，大型的组合式的儿童乐园可以让孩子们尽情地玩耍。

（六）配套服务设施

配套设施与服务类项目是园区不可缺少的要素，为参观者提供必要的方便，能够体现一个园区的服务质量和展示其形象，主要有以下项目：

1. 游客接待中心　建筑设计要尽量体现农园的特色，并能与周围环境相呼应。主要功能是门票出售、景区管理和游客投诉。

2. 参观游览车　为了让游客玩得更畅快，园内可配置双人自行车、三人自行车，另外再增加休闲观光车，这样游客从一个景点到另一个景点就更方便。

3. 停车场　交通道路的连接点，道路设计的起终点，是道路设计必不可少的一个组成部分。依据游客数量和园区实际的经营规模设计大小。

4. 特产小卖部　园区生产销售的产品经过加工、包装的，达到珍、奇、特的效果。

5. 快餐厅　休闲观光农业园区不可空缺的项目，不仅对游客提供餐饮服务，解决内部员工就餐的问题，还可以宣传当地特色饮食，形成品牌特色。

6. 特色农家餐　供游客享用当地的风味餐饮及加工后的农特产品，游客也可亲手制作简易的甜点小吃。

7. 休闲茶室　在园内玩累了，可以到休闲茶室里品品茶、尝尝各种小吃、下下棋、聊聊天，补充精力、放松身心。

8. 园艺超市　在这里可以买到园内自产的各类时令果蔬及各类果酱、工艺品、园艺产品、旅游用品等。

9. 果酱作坊　为了增加水果的经济附加值，可将其加工成果脯、果酱。游客在作坊内可以自制果酱，完成后可以自己享用。

10. 医务室　针对园区游客与内部员工突发事件而配备，是必需的配套设施。

11. 客房　提供度假木屋、营地帐篷、农家别院等，供游客休息过夜，享受乡村生活的宁静与悠闲自在。

12. 公共厕所　布置时应尽量隐蔽，但要易于游客辨别。

三、园区布局的功能分区

生态农业休闲观光园是以农业休闲、观光功能为主，兼有度假、文化娱乐、体育运动等多功能的综合性游览区。按其不同的性质和功能进行空间区划，可划分为四个分区（表 4-1）：

1. 观赏区　由观赏型农田带、瓜果园、花卉苗圃、珍稀动植物饲养场构成，使游客身临其境，感受真切的田园风光和自然生机。

2. 示范区　由农业科技示范、生态农业示范、科普示范构成，以浓缩的典型农业模式，展示特色农业生产景观与经营模式，传授系统的农业知识，使游客增长教益。

3. 休闲体验区　由当地乡村民居、乡村活动场所构成，营造游客能深入其中的乡村生活空间，使游客参与农耕活动，学习农作物的种植技术，农产品加工技术以及农业经营管理等，体验农村生活。

4. 产品区 由可采摘的直销果园、乡村工艺作坊、乡村集市构成。让游客充分体验劳动过程，自采自制自买的方式亲身体验农产品制作过程，并购买乡村旅游产品，推动乡村经济发展。

表 4-1 休闲观光农业园功能四分区方案

场所分区	占规划面积	构成系统	功能导向	举　例
观赏区	50%～60%	①观赏型农田带、瓜果区 ②珍稀动物饲养场 ③花卉出圃	使游客身临其境感受真切田园风光和自然生机	珠海蝴蝶公园、随州银杏公园
示范区	15%～25%	①农业科技示范 ②生态农业示范 ③科普示范（配研修所）	以浓缩的典型农业模式，传授系统的农业知识增长教益	东莞年丰山庄、桑基鱼塘
休闲体验区	10%～15%	①乡村民居 ②乡村活动场所	营造游客能深入其中的乡村空间，参与体验并实现精神交流	井冈山的农民客栈与公社食堂
产品区	5%～10%	①可采摘的直销果园 ②乡村工艺作坊 ③乡村集市	让游客充分体验劳动过程并以亲切的交易方式回报乡村经济	东莞年丰“动手果园”

四、园区道路规划

农业休闲观光园位于城市郊区，交通时间占据了旅游时间的很大一部分，而且与城市公园不同的是，农业休闲观光园往往与周围环境风貌接近，出入口不明显。因此，对农业观光园来说，合理解决外部及内部交通问题相当重要，尤其是外部引导线以及出入口的设计是提高农业园可进入性的重要手段，必须引起重视。休闲观光农业园的道路规划包括外部引导线规划、出入口规划设计和内部道路规划设计三个方面，外部引导线和出入口是游客进人园区的通道，内部道路是游客欣赏园内景色的走廊，它们的功能不同，其规划设计的方法也有所不同。

（一）外部引导线规划

设计外部引导线即指通往农业休闲观光园的路线，是隐含着信息的路线。

它起着引导作用，预先愉悦游客，并预示出农业园的性质、规模以吸引游客。好的引导路线经过精心设计，有收有放，形成变幻多样的立体空间。在视觉安全和风景优美之处敞开，需要屏蔽之处围合；不断变化的空间格局用以吸引人且使人从疲劳中得以解脱。

农业休闲观光园外部引导路线的长度是至关重要的，根据游人乘坐机动车行进的心理感受，以及徒步行进的心理体验，农业休闲观光园的标志物最好在距离它几千米之外就出现。如果条件所限，至少在1～3km处设置休闲观光农园的标志，每隔300～500m应该有大的形态上的节奏变化，形成重复或渐变的韵律美。而距离休闲观光园500m之内，是进入园内之前最关键而微妙的一段路程，可以采用突变式的美学构成法则，给游人留下深刻且向往的印象。

（二）出入口规划设计

农业休闲观光园的出入口，是游客到农园来的第一个高潮，也是能否吸引游人前往参观游览的重要因素之一，其重要性显而易见。出入口可以分为主要入口、次要入口和专用出入口三种。

1. 主要入口　农业休闲观光园主要入口的选位要得当，与城市主要干道、游人主要来源方位以及农业园用地的自然条件等诸因素协调后确定；为了突出主入口的景观效果，还应选择易于被发现、风光秀丽、少风向阳的位置。

2. 次要入口　农业休闲观光园为次要干道的客流服务还应设置辅助性的次要入口，同时为园区周围农民提供方便。次要出入口设在园内有大量人流集散的设施附近。

3. 专用出入口　专用出入口是根据园区管理工作的需要而设置的，为方便管理和生产及不妨碍园景的需要，应选择在园区管理区附近或较偏僻不易为人所发现处。

（三）内部道路规划设计

农业休闲观光园的内部道路是其骨架和脉络，是联系各景点的纽带，也是构成园景的重要因素。旅游道路的规划，主要考虑客流量，根据接待能力的估算值来确定道路的承载能力，确定道路设置的宽度、景观安置等内容。农业休闲观光园的内部道路设置与城市公园大体相同，包括主要道路、次要道路及游憩小路。

知识小窗口

● 主要道路：主要道路连接园区中主要区域及景点，在平面上构成道路系统的骨架。在道路规划时应尽量避免让游客走回头路，路面宽度一般为4～7m，道路纵坡一般要小于8%。

● 次要道路：次要道路要伸进各景区，路面宽度为 2～4m，地形起伏可较主要道路大些，坡度大时可按平台、踏步等形式处理。

● 游憩小路：游憩小路为各景区内的游玩、散步小路。布置比较自由，形式较为多样，对于丰富园区内的景观起着很大作用。

内部道路在规划时，不仅要考虑对景观序列的组织作用，更要考虑其生态功能，例如廊道效应。农田群落系统往往比较脆弱，稳定性不强，在规划时应注意其廊道的分隔、连接功能，考虑其高位与低位的不同。

农业休闲观光园道路的特色在于路线的形状、色彩、质感都应与周围乡村景观相协调，突出“土”的特色。游憩小路是园区的线性景观构成要素，在形状上应以自然曲线为主，依地势高低起伏抑或以田垄为基础，勾勒出农田的脉络，反映农业文化。游憩小路可根据情况不作铺装，展现农村朴素的乡野气，同时有利于雨水的自然渗漏，保护生态环境。

五、园区景观规划设计

休闲农业展示的景观应突出自然、生产、生活相协调的生态美。生态美学原则是景观规划设计的首要遵守原则。生态美学包括自然美、生态关系和谐美、艺术与环境融合美。生态美有三个特征：生命力、和谐、健康。

对休闲观光农业园区来说，自然与人工培育的生物共同构建的生态系统景观是主题，其他则是辅助，应与生态系统景观相协调。

景观布局应符合生态原理，并与经营管理的要求相融合。既要考虑水平与垂直的格局，也要考虑时间的变化。包括农田种植美化的构图与季相变化，道路河流的线状景观营造，田缘线、植被冠线的控制，接待服务设施周围景观的营造，农业生产与体验活动结合区的景观修饰，生产、体验活动元素的人和动物与整体景观的匹配，周围景观的借景与协调等。

空地可能是自然留下，也可能是为了生产与体验活动有意留下。空地的大小尺寸应符合标准，尺度过大，会影响景观的欣赏；过小，景观的开朗性就表现不出来。根据景观与视角的关系，当闭锁空间的仰角从 6°起，风景价值逐步提高，13°是最佳，超过 13°以后逐步降低。设计田间空地时，植株的高度与草地（或水面）的直径比例 1∶3～1∶10 为宜。

六、园区水系规划

休闲观光农业园的水体除了造景功能外还具有生产和生活功能，需要通过系统的规划使各项功能之间互不影响，并形成可以循环利用的可持续发展模式。园区内的水体往往与园外的自然水系或农业灌溉水系相连，因而在利用的同时应注意保护水质，并注意节约用水，不影响农业生产的用水需要。

1. 水系规划设计标准　休闲观光农业园中的水系规划设计应着眼长远，立足当前，要因地制宜，既讲究实效，又注重景观效果。以建设水利基础设施为核心的农田、林、路、渠、塘等全面规划，综合治理。应做到“高起点、高标准、高科技、高效益”。可参考的标准包括：

(1) 灌溉。灌溉保证率达到相对的百分比，例如 95%；渠系水利用系数不低于一定的数值，例如 0.85。

①灌溉保证率。预期灌溉用水量在多年灌溉中能够得到充分满足的年数的出现概率。计算公式：

$$P=m/(n+1)\times 100\%$$

式中：P——灌溉设计保证率；

m——设计灌溉用水量全部获得满足的年数；

n——计算总年数（按时历年法，一般不少于 15 年）。

②渠系水利用系数。渠系水利用系数反映了从渠道到农渠的各级输配水渠道的输水损失，表示了整个渠系的水的利用率，其值等于同时工作的各级渠道的渠道水利用系数的乘积，计算公式：

$$\eta_{渠系}=\eta_{干渠}\times\eta_{支渠}\times\eta_{斗系}\times\eta_{农系}$$

(2) 排涝。排涝以 10 年一遇的水量峰值为标准，一日暴雨 1～3d 排出。

(3) 治渍。旱作物雨后 3d 内地下水位降到地面 0.5～0.9m 以下。

(4) 改造旧水系，建设新渠网。建立完善的灌排渠系，灌排分开，自立门户，渠系分级明确。

(5) 渠系建筑物配套齐全。

(6) 土地平整，地块成方，朝向一致。

(7) 推广新技术、新方法，走节水灌溉新路子，提高用水的科技含量。

(8) 灌溉实行计量用水及加强灌溉设施的养护管理，走用水商品化新路子。

2. 水系规划的内容

(1) 骨干渠路的布局。对区内的地形、地貌、土质、种植结构、现有灌排水系、交通、电力等方面作全面详细的调查，在充分分析论证的基础上，根据规划区的特殊条件设置水源、干渠、支渠、排洪渠。

(2) 地块间工程规划。应遵循有利于排灌、机耕、地块间管理和不影响地块间作物光能条件的原则进行渠、路、林的配置，同时要节省工程量，少占耕地。

①应避免出现三角地，力求田块整齐，便于轮作及机耕，同级渠道互相平行，上下级渠道互相垂直。

②按照高田高灌、低田低灌、肥水不出田的要求，规划排灌渠系，达到灌排分开，独立门户，自成体系，灌排相间布置作业道。

③合理安排地块间生产路的宽度与密度，充分考虑田间作业半径、线路的循环，沿着斗农渠布置。

（3）渠系建筑物规划。

①园区内渠系建筑物应配套齐全，其布局、数量、类型在满足安全运行、便于管理的前提下，力求做到工程处数少、工程量少，既保证园区内交通方便，又满足排灌要求，充分发挥投资效益。

②园区内河网纵横（干、支渠），河流交错，且地势低洼，每个格田要没有独立的进出水口。建筑物应力求技术先进、结构精巧、造型美观、安装简单、造价低。

（4）平整土地、格田成方。平整土地、格田成方是建设高产、稳产农田，实现农田水利标准化和农业机械化的重要条件，不仅可以提高耕作水平，还对改进灌水技术、提高灌溉水利用系数起到促进作用，同时可改良土地，扩大耕地面积。

（5）应用新科技，提高用水科技含量。在园区建设中可推广应用新技术、新方法、新科技，走节水灌溉新路子，把园区建设成节水灌溉示范区。面积相对大的园区，可将园区划分为节水灌溉区、喷灌区、微灌区、滴灌区、智能灌溉区等几大功能区。

渠道防渗是目前应用最广泛的工程节水技术。为了防止边坡塌陷，可采用砌石护岸的办法，对断面较小的地块渠采用预制、现筑相结合的混凝土U形槽衬砌。因为U形混凝土防渗渠道接近“最佳过水断面”，输水能力强，占地少，受力条件好，工程造价低，美观坚固。

此外，必须强调在进行水利规划时，一定要与农业技术措施规划密切结合，最后才能达到节水、增产、高效的目的。

七、园区环境保护规划

（一）环境保护规划

1. 杜绝对生态环境与景观的开发性破坏　开发和建设游览区旅游项目，无论是主体设计，还是配套的服务设施建设，都要避免对自然环境和人文景观造成破坏。例如，修建园区内必需的道路，宾馆、酒家等生活与服务场所时，避免将一座长满翠林的山头削平来建造；避免将充满野趣的水塘人为改造成湖岸整齐、人工建筑过多的水面。宜在山林中隐映木屋，在水塘上点缀凉亭，或在一些水面较宽的水塘上适当修建一些具有水乡特色和乡土气息的水上建筑。

总之，整个休闲观光农区的建设应着力保护其“农”味、“土”味、“野”味，杜绝对生态环境与景观的开发性破坏现象发生。

2. 注重休闲观光农业与生态环境的协调发展　休闲观光农业以其自然之美与乡土之奇，在一定意义上体现了自然与人相融合的生态之美，从而吸引众多游客积极参与。在利用丰富的动植物资源开发休闲观光农业时，应充分协调与生态环境的关系，保护自然景观资源，提高环境质量和生态效益，使休闲观光农业与生态环境互相支持，相辅相成，实现生态和经济的可持续发展。休闲观光农业的内容包括部分生产过程在内，游客游览时具有参与性，在其进行生态消费时，积极引导他们进行生态重建。

（二）环境保护管理

休闲观光农业区投入运营后，要制订行之有效的规章制度，加强旅游农区的环境管理，引导游客对景区内生态环境加以保护，增强其生态意识，将游客对自然环境的破坏和污染程度控制到最小。强化环境教育，建立生态环境监测系统，根据不同的旅游形式和特点，制订详细的游览规则，对环保做得好的可加以奖励，对损害旅游环境的应要求赔偿。生态环境监测系统主要包括旅游区大气指标、水污染指标、噪声指标、废弃物指标，以及农、林、草病虫害指标等，这要与相关技术部门、环保部门、科研部门通力合作，通过定期监测与预报，及时发现问题，随时解决问题，确保环境优良；新项目开发决策之前，要作全面的环境评估。对不利于可持续发展的项目，一时难以治理的，要尽早放弃；下大力气解决环境容量、资源容量、生态极限容量等问题，使休闲观光农业走上可持续发展之路。

1. 空气质量保证　为了保持旅游空气质量，对于园区内的接待服务设施和居住地区的取暖供热、饮食制作，应用低硫煤做燃料，要求配置高效消烟除尘设备，严格控制烟尘的排放。交通工具要尽量采用电气机车、人力或排污率低的车辆，严格控制有害气体的排放。例如，严禁搬迁、拆除水岸边际原有的建筑，严禁取沙，严禁砍伐植被，应尽可能恢复其自然景观；对规划区内所有裸露地面，宜种植花草树木，进行全面绿化和美化，减少尘土飞扬。

2. 废弃物、污染物的管理　对固体废弃物，例如塑料、玻璃、易拉罐等废弃物要有效控制，实行统一处理。在旅游区外选址建设一座封闭挤压式生活垃圾站，在景点、游憩点和旅游线路一定距离内设置废物箱。目前被广泛采纳的垃圾处理策略有：

①使用生产垃圾最少且无毒的产品。

②制肥或氧化处理可以被生物降解的垃圾。

③就地回收再用，对合适的材料进行收集或进行异地回收。总的来说，休闲观光农业园的物质回收率比家庭用品的回收率低。调查表明，回收最高的是玻璃（57%）和铝制品（55%），其次是塑料制品（31%）、报纸（21%）和杂志（10%）的回收最少。

④最好使用耐用消费品，不能被生物降解的或不能被回收再用的物品尽量不在生态农业旅游区内使用。

⑤尽可能购买使用当地产品（具有无需运输、较少储藏、包装垃圾少的优点）。避免过量订购、大批量地购买食物和原料；避免使用包装过多、可放置时间长的物品。

⑥对垃圾进行有效的回收，需要对材料分类，应该设置方便的分类垃圾桶。对生活垃圾、医疗垃圾、一般工业垃圾，采用设置焚烧炉就地处理的方法，焚烧炉采用气化焚烧炉，气化焚烧炉可低温气化垃圾。

3. 噪声和水污染控制　在重要景区建立复合型绿化噪声屏障，有效减少噪声污染，创造宁静、温馨的气氛。旅游区内不得使用高音喇叭广播，进入车辆严禁高音鸣响，全面减少噪声。区内的宾馆、疗养院、饭店等生活污水、垃圾等，必须有净化消毒设施。区内农田不能使用污水灌溉、农药及化肥。在景区每 300～500m 设立水冲式公厕，生活污水、公厕排污要分别处理后排放，在主要板块内建立污水排放系统，实现污水的资源化、封闭化和无害化处理。

案例与分析

案例一　绍兴市新昌县七盘仙谷风景区

绍兴市新昌七盘仙谷风景区坐落于新昌县城南乡潜溪村，距新昌县城 5km 处，占地约 $5km^2$，于 2003 年对外开放。是集影视拍摄、户外拓展、旅游休闲、农林业观光为一体的国家 AAA 级风景旅游区。景区绵亘的山峰、蜿蜒回旋的涧溪，与自然环境融为一体。奇峰怪石、飞瀑流泉、小溪碧潭、幽谷洞壑、小桥流水、曲径茅舍，充分展示了人与自然之和谐、水与山岩之神韵。景区有“雁荡之奇秀”“江南香格里拉”之美誉，是一个以现代休闲观光为主导的林业园区。

园区主要旅游项目有：游憩观光、仙谷漂流、野外拓展、棋牌娱乐、农家餐饮、花卉苗木观赏、时令瓜果采摘等。园区的规划主要分为 10 个功能区域来引导游客观光休闲，其具体分区见表 4-2。

表 4-2　七盘仙谷园区功能分区区划

分　区	特　点	功　能
游客服务中心	主要为农田和旱地，规划设置停车场、生态餐馆、园区管理处、游客接待处、旅游商品廊和入口管理处等	游览观赏、旅游服务、土特产销售
森林景观休憩区	主要为幽深宁静的峡谷、繁茂多样的植被、险峭陡立的山崖等优美自然景观，辅以唐诗之路在新昌的文化积淀，形成丰富多彩的森林游憩区	游览观光、科普和生态教育、休闲游乐
休闲果园	该地区地形起伏，果树种植品种繁多，是赏花结果的佳处。周边修建一定的休闲品果屋，接待服务处和观景房等，利于游客的休闲和加强生产管理	游览休闲观光、科普和生态教育、农业修学
天然饮品种植品尝区	在原有的苦丁茶、有机茶种植基础上，扩大其种植面积，再增加野菊花、金银花、绞股蓝、六月霜等的种植	生产、农事参与，科普和生态教育
野生动物养殖观赏区	主要在山坳养殖梅花鹿，在七盘坑筑坝养殖石斑鱼、娃娃鱼、石蛙等	游览休闲观光、野生动物养殖、科普和生态教育
栗子品种观赏区	主要种植板栗、锥栗、茅栗等经济作物，同时设置板栗品种园，反映新昌10万亩板栗基地	生产、科普和生态教育
苗木花卉生产示范区	主要设置苗木花卉生产区、种植资源收集区、保护地生产区、优新品种母本区、优新品种展示区等。在大力发展苗木花卉生产的基地上，增加休闲观光功能	生产、游览休闲观光、科普和生态教育
农家采风农事参与区	使游客体验“吃农家饭、住农家屋、干农家活、玩农家乐”的乐趣，设置农家客栈、自然生态课堂、农家烧烤场、桑蚕采风和乡村名俗馆等	科普和生态教育、土特产销售、农事参与、林业生产
中草药认知区	主要种植浙八味、新昌特色的、常见的中草药	药材生产、中药认识、科普和生态教育、游览休闲观光
乡村生态保育区	在保持原有自然生态的基础上，不断加以培育，建设观赏树木带，促进园区的可持续发展，为园区远期的合理开发利用做准备	保持自然环境、科普和生态教育、农林生产

绍兴市新昌七盘仙谷风景区，通过合理的规划分区给游人带来了便捷与轻松，实现了园区的科学管理，吸引了更多的游客来到仙谷，使他们远离都市喧嚣，尽享生态自然之美、激情刺激之险和农家风情之乐。

案例二　浙江省莫干山现代农业示范园区的景观布局

莫干山现代农业示范园区位于浙江省德清县 104 国道以西，土地肥沃、排灌方便、交通便利，园区规划总面积 3.9 万亩，其中林地 2.7 万亩、耕地 1.1 万亩、水体 0.1 万亩。园区以良好的生态环境为依托，规划速生杨栽培区、药用植物栽培区、绿色茶果生产科技区、乡村生态休闲区和森林景观休憩等功能区。

莫干山现代农业示范园区（图 4-1）景观的各个功能区块是产业特征和景观特征的耦合。整个园区由一条景观主轴线——四季锦绣景观带和七个景观区构成。

图 4-1　莫干山现代农业示范园区

（1）景观主轴线。将贯穿园区的主干道与并行走向的阜溪作为景观主轴线。景观主轴线起视觉引导作用和莫干山—武康镇城区的联通作用，与城区护城河联结，构成德清县最美丽的景观长廊。

阜溪以自然化河景为特征，河岸植被全部保留现有状态，主干道两侧绿化带以绿色为背景色，配以红、黄、紫等有色叶树种，春夏秋冬彩色树种立体配置，达到“四季锦绣”的效果。

（2）七个景观区。根据园区现有景观特征和各功能区的产业特征，园区构建七个景观区，分别是百花争妍景观区、乡村风情景观区、绿化苗木景观区、生态茶园景观区、速生杨景观区、春花夏实果园景观区和自然森林景观区。

（3）环园保护性森林景观带。园区三面环山，农户经营的竹林、经济林和生态公益林构成环园保护性森林景观带。

（4）乡村村落景观点。目前，园区内和周围的村落尚未进行统一景观规划，随着园区建设的起步，应对乡村村落进行统一规划，构成独具风格的乡村景观。

园区四季有美景当然是理想的效果。但由于农作物的季节特性，很难做到“四季锦绣”的效果。对用于景观营造的花木进行季相设计使得四季有美景成为现实。季相设计首先是对各种植物的物候与季相进行分析，然后进行组合排列，尽量做到冬的景观不单调。最后具体设计时，要对不同植物在不同季节的叶色、花色与花期、果色与果期、叶的疏密进行分解。

知识小窗口

长三角地区常用树种的叶色如下：

- 叶色呈深浓绿色：圆柏、雪松、山茶、桂花、云锦杜鹃、马银花、瑞香、铁线莲、南天竹（均为常绿树种）等。
- 叶色呈浅绿色：水杉、金钱松、七叶树、鹅掌楸、玉兰（均为落叶树种）等。
- 春叶呈红色：五角枫等。
- 秋叶呈红色或紫红色：鸡爪槭、五角枫、茶条槭、枫香、小檗、樱花、南天竹、乌桕、石楠、山楂、爬山虎等。
- 秋叶呈黄或黄褐色：银杏、鹅掌楸、梧桐、无患子、复叶槭、紫荆、水杉、金钱松、全缘叶栾树、紫穗槐、山茱萸、吊钟花、七叶树、玉兰、二乔玉兰、紫玉兰和厚朴、天女花、腊梅、三叶木通等。

莫干山现代农业示范园利用当地得天独厚的自然条件，通过季节和景观分区来实现园区的生态发展，保证园区四季的旅游特色，吸引游客，是今后建立现代休闲观光农业园区应该学习和借鉴的典范。

应用思考

1. 现代休闲观光农业园中还有哪些新颖的项目设置？可以用在哪种类型的休闲观光农业园区中？

2. 休闲观光农业园怎样杜绝景观开发对生态环境的破坏？

3. 休闲观光农业园外部引导线的重要性体现在哪几个方面？

4. 在对当地休闲观光农业园区的规划时，为什么要因地制宜？有什么好处？

5. 做一个问卷调查，调查游客在休闲观光农业园游览时最喜欢什么活动？

第五单元　现代休闲观光农业园的投资估算与资金筹措

知识学习

一、接待规模估算

依据项目所在地的综合现状条件确立适当的农业休闲观光园的接待规模，对于整个规划设计过程是至关重要的。接待规模的估算是项目设置，道路、水系和环境规划的前提，准确的接待规模预测不仅能节省建设成本，更能让游客感到“量身打造”的亲切感，有助于提高休闲观光农业园的旅游品位。接待规模的确定包括环境容量估算与游客规模预测两个方面。

（一）环境容量估算

环境容量是满足游客休闲观光游览需求，避免对休闲观光农业园内旅游资源及自然生态环境造成不利影响，保证资源与环境的可持续发展所能容纳的最大游客规模。在农业生态旅游活动中，有意识地保护生态环境，保证其正常的代谢和再生速度，防止资源的破坏和退化，是规划中需要考虑的重要问题。因此，在农业生态旅游地规划时，需要合理估算游客容量，将游客数量限制在旅游地生态环境能够承受的范围内。

在我国的某些旅游区的开发建设中，有时存在“重开发、轻保护”的做法，这种失调的经营方式导致了一系列环境问题，因此如何对规划区域各特征景区的环境承载力加以合理的衡量，在合理估算的基础上加以区划，便是规划开发中所面临的重点。

1. 日环境容量测算　通过对休闲观光农业园内各功能区、景区游览特点的分析，可采用面积容量法对各农业园作环境容量的估算，面积容量法测算公式为：

$$C_{日}=(A/B)\times D$$

式中：$C_{日}$——环境容量（人次）；

A——可游览面积（m^2）；

B——每位游人应占有的合理面积（m^2/人）；

D——日周转次数。

一般每位游客应占有的合理面积平均不低于 66m²/人，具体依休闲观光农业园类型和项目多少而定。例如，文化园类景区一般为 200m²/人，日周转次数一般为 4；建筑小镇类景区一般为 200m²/人，日周转次数为 4；山地休闲观光类景区一般为 500m²/人，日周转次数一般为 4；田园风光类景区一般为 500m²/人，日周转次数一般为 4；接待服务中心区一般为 100m²/人，日周转次数一般为 2。

2. 年环境容量估算 年可游览天数取 150d，游人系数采用 0.6，计算公式：

$$C_{年}=C_{日}NK$$

式中：$C_{年}$——年环境容量（万人次）；

$C_{日}$——日环境容量（万人次）；

N——全年适宜旅游天数（d）；

K——游人系数。

练一练

以江苏省宜兴市芙蓉寺旅游区为例，进行环境容量测算。区域内现有行政管理区、古寺庙遗址、山林、大面积采石宕口、茶园、职工生活区等功能区，还有一条规划中的国道线。区内目前没有规划，各个功能区分布较乱。现要将该区规划并建设为一处风景名胜，需进行游客规模测算。现分别对区内各功能区、游览区环境容量进行测算，得出日旅游环境容量为23 424人次。日环境容量估算表见表 5-1。

表 5-1 日环境容量估算表

功能区名称	可游览面积（m²）	每人指标（m²/人）	日周转次数	日容量（人次）
古寺山林	433 334	500	4	3 467
休闲观光茶果园	234 000	500	4	1 872
接待山庄	130 000	100	2	2 600
茶园景区	546 667	350	4	6 248
人工湖与花卉园景区	1 154 667	500	4	9 237
行政管理区	354 000	—	—	—
国道线及其绿化带	178 000	—	—	—
合 计	3 030 668	—	—	23 424

全年适宜旅游天数取 150d，游人系数取 0.6，$C_{日}$ 为表 5-1 中统计得到的各功能区日人均容量的合计23 424人次，则年环境容量 $C_{年}=C_{日}\times 150$ 天 $\times 0.6=210.816$ 万人次。

（二）游客规模预测

游客规模预测主要是客源市场分析。客源是旅游业发展的原动力，客源市场分析是休闲观光农业开发研究的重中之重。旅游客源市场分析准确与否，直接关系到休闲观光农业开发项目的生命力和投资的可行性与安全性，是项目开发成功与失败的分水岭。客源市场分析主要解决以下两个问题：

1. 客源市场定位　在市场调研的基础上，确定现实及潜在的市场范围和市场规模，并进一步确定一级、二级和三级客源市场。客源市场定位必须综合考虑客源产出地的社会经济水平、居民收入情况、居民的消费习惯、旅游意识；客源产出地居民与本地农村社区在政治、经济和文化以及民族渊源等方面的联系，农村社区旅游资源对客源产出地居民吸引力的大小。

2. 客源市场预测　对潜在的需求进行研究和预测，分析其需求类型及变化动态，估计其规模、增长速度和持续周期。市场预测的主要依据是：全国、本省、本地休闲观光农业发展规划中的有关预测指标；主要客源地的社会经济发展趋势。

二、投资管理与投资额估算

（一）投资的特点

1. 投入金额大　休闲观光农业园的投资活动主要发生在规划和开发阶段，此时投资主要用于将规划的项目和设施付诸实施，只有提供充足的资金才能保证将优良的自然资源开发成为优秀的农业园区，因此，开发初期投入的资金十分巨大。一般而言，园区初期投资金额与其所在区位、占地面积、园区类型、区内项目多少等因素有关。

2. 投入时间长　由于休闲观光农业园投资涉及的范围较广且金额大，一般项目的投资回收期相对较长。正常情况下，投入游憩类项目的资金回收需4～6年，投资基础设施建设的资金回收期一般在6年以上。现代消费和旅游的需求变化极快，休闲观光农业园的发展永远跟不上消费者需求的变化，为了保证农业园处于正常运转状态，投资者必须为漫长的投资回收期投入更多的后期追加投资，这又增加了投资的强度，延长了投资回收的期限。

3. 投资的复杂性　一般的休闲观光农业园，往往要集农业生产、技术服务、休闲观光旅游、休闲购物于一体，是综合性经济产业。它向顾客提供的是多种产品和服务，其产品和服务也是众多部门共同作用的产物。休闲观光农业园的综合性决定了其投资的复杂性，投资既包括固定资产投资、流动资产投资、风险投资、人力资源投资、技术研发投资等诸多领域，又包括对饮食、住宿、交通、游览、购物、娱乐休闲等诸多部分的投资。各类投资都有其特有的规律性，这就构成了投资的复杂性。另外，投资的各领域之间具有很强的相关性，单项投资不能发挥任何作用；一项投资必须刺激其他相关领域的投资需求的上升，同时也必须受到其他领域投资状态的影响。因此，休闲观光农业园投资是一项综合性很强的经济活动。

4. 沉没成本大 由于休闲观光农业园投资主要投向基础设施和服务设施的购置以及环境的优化等方面，这些资金一旦投入，基本无法发生逆转，很难在短期内变现。如农业园因经营不善或其他原因出现运转危机，投资者将受到巨大冲击。高昂的沉没成本也意味着投资者进入休闲观光农业园会面临较高的风险，如果出现意外可能导致投入的资金血本无归。

虽然目前国内外休闲观光农业园的开发出现了繁荣的景象，一些农业园的经济效益也比较诱人，但是从投资特征看，其投资的风险仍然较高。

（二）投资的分类

休闲观光农业园的投资按照不同的范围、性质和角度，可以分为以下类型：

1. 实物投资和技术投资 实物投资是指有形资产的购置，例如投资改造田园、修建道路水系、建设景观项目、兴建娱乐项目、购置生产设施等；技术投资是指无形资产的购置和开发，例如新型农业生产技术的引入、新品种和新生产技术的研发等。

2. 短期投资和长期投资 投资回收期在一年以内的为短期投资，投资回收期在一年以上的为长期投资。

3. 直接投资和间接投资 投资者以其所拥有或筹集的资金直接投资于发展园区农业生产，开发旅游资源及兴办园区基础设施等。固定资产投资、流动资产投资都是直接投资；投资者把拥有的资金投放于金融市场购买政府公债、国库券、园区公司股票、债券等有价证券的投资属于间接投资。

4. 建设性投资、更新性投资、追加性投资和稳定性投资 建设性投资是指休闲观光农业园初创时的投资，是园区建设的原始资金；更新性投资是维持休闲观光农业园简单再生产的投资，主要用于园区的更新改造；追加性投资是扩大休闲观光农业再生产的投资；稳定性投资是因调整园区经营方向而进行的投资。

（三）建设投资的估算

休闲观光农业园区的投资概算主要是依据国家、农业部编制概算的规定，以及省（市、自治区）及农业、林业、城建、旅游部门现行的有关技术经济指标、市场现行价格进行的。

开发投资成本的内容包括：

1. 规划设计费　包括：园区规划设计费、景观设计费、游乐项目设计费、建筑设计费等。

2. 开发过程中的投资费用　包括：基础建设费（给排水、电、通信、道路、基本农田建设等）、农业生产技术引入费、设备购置费、景观景点建设费、娱乐设施建设工程费、景观保护工程费、房建工程费、附属设施工程费、各种设备和车辆费、开办费、不可预见费等。

休闲观光农业园的建设可分为近、中、远三期建设，远期不做概算。做好概算后，还应做出投资年度安排。标准的“建设投资估算表”“流动资金估算表”可参照《建设项目经济评价方法与参数（第三版）》制作。

三、筹资管理

休闲观光农业景观设计要打造个性，通过不断创新来吸引游客，以不可复制性拴住游人的心，需要相当数额的资金投入。由于受资金条件的限制，加上缺乏合理的规划和引导，不少休闲观光农业区，功能设计简单、重复，缺乏特色和吸引力，活动内容相似，创新很少，使本来应该独具特色的旅游项目成了“四不像”，或搞成非自然的人造景观，有的甚至破坏了地域的生态农业环境。因此，遵循市场经济的客观规律，多形式、多渠道地筹集发展资金是休闲观光农业开发的核心问题。资金筹资要坚持一定的原则，采取适当的渠道，并加以合理的管理，才能取得良好的效果。

（一）筹资渠道和方式

改革开放以来，我国的投资者聚积了强大的投资实力，企事业单位、个人有了更多的闲散资金，可供利用的储蓄存款显著增加，外资的大量涌入，也为休闲观光农业园的筹资提供了更多的渠道。

1. 可用的筹资渠道

（1）国家财政资金。包括国家对休闲观光农业园的直接投资和国家有偿贷款两种形式。一般使用时间较长，利息较低，所以筹资成本较低。

（2）银行信贷资金。主要指我国各银行通过信贷途径向企业发放的各种贷款，较为方便灵活，是目前休闲观光农业园最重要的资金来源。

（3）非银行金融机构资金。银行金融机构以外还存在一些属于国家举办的其他金融机构，例如信托投资公司、租赁公司、保险公司、民间金融组织中各种信用社和金融服务社等。从这些机构获得的资金也是一种筹资渠道。

（4）其他企业资金。主要指企业之间相互买卖商品时，以延期付款或预收货款方式而发生的借贷活动。就我国目前的情况来看，主要有预收货款和赊购商品两种。这种赊销商品、延期付款或预收货款方式，可以缩短商品生产和流通时间，促进商品价值迅速实现，保证社会再生产的顺利进行。随着商品经济的发展，这种商品信用已经越来越受到企业家的重视和广泛应用。

（5）居民个人资金。“游离”于银行及非银行金融机构等之外的居民个人资金，可用于投资，形成民间资金来源渠道，从而为休闲观光农业园所用。居民个人资金是近来发展起来的，是企业筹措资金的一种渠道，也是今后企业筹资的发展方向。

2. 可以采用的筹资方式

（1）银行贷款。分为短期和长期贷款，短期贷款是指一年以内的贷款，对休闲观光农业园来说，短期贷款利率较低，可减轻资金运用成本，申请短期贷款也比较容易。长期贷款是指一年以上的贷款，这种贷款一般是按照一定时期分期偿还，多数银行贷款原则期限为 3～7 年。长期贷款的好处是弹性较大，贷款可根据协议发放。

（2）吸收国家投资。

①吸收国家和联营投资主要是指吸收国家的贷款方式，对休闲观光农业园的投资。吸收国家投资的主要方式是国家贷款，自 1985 年以来国家对企业的投资逐步改无偿拨款为有偿贷款，其主要特点是在到期日还本付息。

②吸收联营投资是对国内联营企业而言，联营企业在组建时，可按规定吸收参与联营企业的事业单位各方面的投资，形成联营企业自有资本。其主要特点是，联营合同或协议一般规定税后分利的办法，有的还规定还本方式和期限。

（3）发行债券。发行债券是企业筹集资金的重要方式，是适应社会生产力发展需要的必然产物。通过发行债券可以筹集到大量的、可供长期占用的资金，是企业可以有数运用的良好筹资方式之一。现今，发行债券也已成为重要的筹资手段。

（4）发行股票。发行股票是股份公司筹集长期资金的基本方式。随着企业生产规模扩大，需要不断发行股票，可提高自有资本占整个资金来源的比重。

（5）融资租赁。租赁是财产所有人将其财产定期出租给需要这种财产的人使用，并由后者向前者按期支付一定数额的租金作报酬的经济行为。租赁也是一种信用活动，租赁筹资有利于调整企业的投资结构、生产结构，促进技术进步；有利于企业节约资金使用，有利于企业注重效益；有利于使用承租企业，简化了固定资产管理工作；有利于企业获得纳税方面的优惠。租赁现在日益呈现其多样性和复杂性，也成为现代社会再生产过程中的重要组成部分。

3. 筹资成本　筹资成本是休闲观光农业园为筹集和使用资金而付出的代价，筹资成本包括筹资费用和资金占用费用。

（1）筹资费用。筹资费用是指休闲观光农业园在筹资过程中为获得资金而付出的费用。包括委托金融机构代理发行股票、债券所支付的印刷费、手续费、注册费、资信评估费、担保费、公证费、广告费等。这类费用一般与筹资金额大小、占用时间长短无直接联系，可视为资金成本中的固定费用。

（2）资金占用费用。资金占用费用是指休闲观光农业园在生产经营过程中因使用资金而支付的费用。它包括必须支付的股息、利息、债息等。它与筹资金额大小、时间长短有直接关系，属于资金成本中的变动费用。

4. 筹资方案

（1）开辟多元投融资渠道。社会化投入和多元融资是休闲观光农业园深开发的重要途径，也是市场经济下旅游产业发展的必由之路。在国家统一规划下，采取“地方、部门、集体、个人一起上”的办法，调动全社会的力量，走社会开发旅游、社会办旅游的路子；利用股份有限公司为载体，通过增资扩股等资本营运方式，吸纳各主要景点为战略伙伴，最终组建旅游开发股份有限公司，达到上市目的，筹集巨额资金，进行深层次的开发；采取“筑巢引凤”的方法，吸引国内大公司、大企业、大集团的投资。

（2）吸引居民投资。

①通过城市居民与休闲观光农业园内的农民合作，由农民提供土地和劳动力，城市居民提供资金，发展服务于城市居民的点对点式农业旅游项目，以增强旅游业自我发展能力，有助于实现以旅游养旅游为主的发展道路。

②可建立休闲观光农业发展基金或通过专业旅游投资基金管理公司的规范运作，为居民开辟新的投资渠道，扩大项目的资金来源。

（3）增加政府导向性投入。当地政府应通过先期投入和引导投资，营造良好的客观环境，为多元化投资创造条件。在休闲观光农业园发展的初期，提供开发旅游景点景区、改善旅游交通条件和兴建旅游接待设施所需要的资金，为休闲观光农业园的发展创造条件。为此，地方旅游业的发展规划应纳入本地区的国民经济和社会发展年度计划；地方财政在年度计划中相应增加包括信贷规模在内的旅游业投资安排；在国民经济预算中，对旅游业的直接投入应比过去有较大增加。

案例与分析

案例　贵州省正安县现代农业综合示范园区项目投资概算与资金筹措

正安县现代农业综合示范园区是贵州省新农村建设百村示范村，距县城13km。S207省道从该村腹地贯穿而过，交通便捷，区位条件优越。芙蓉江与其支流清溪河分别从两侧绕村而过，交汇与两岔河口，沿岸风光旖旎。

该村辖13个村民组，共1 254户，5 578人。现有耕地4×10^6m²，其中大坎坝区土壤土层厚、通透性好、有机质含量高，易于耕作。经过五年的社会主义新农村"百村试点"建设，整洁靓丽的村容，热情淳朴的乡风，丰腴的土地资源、宜人的气候环境、优美的自然风光、较为完善的农业基础设施和良好的区位条件，为打造观光果园及现代农业园区奠定了坚实的基础。

1. 项目投资概算　依据《国家计委建设项目可行性研究方法与参数》《国家农业综合开发项目和资金管理暂行办法》、中国国家造林项目《技术经济手册》《林业工程建设概预算编制办法》《农业工程建设概预算编制办法》《园林工程概预算》和贵州省有关建设项目的技术经济指标定额。

2. 投资估算　根据正安县现代农业综合示范园区的整体规划，结合目前种植业、旅游业发展建设情况，对园区各建设内容费用估算表见下表5-2：

表5-2　2012年正安县现代农业综合示范园区投资费用及资金筹措估算表

项　目	规　模	投入概算（万元）	资金筹措	
			合作社投入（万元）	省市县补助（万元）
精品果园建设	6.7×10^5m²	660	360	300
果蔬新品种试验研究	3.33×10^4m²	25	11	14
花卉、水果等盆景	5 000盆	25	20	5
林间套作蔬菜	6.7×10^5m²	80	50	30
林下养鸡建设	10 000只 1 000m²	20	10	10
河道治理 建亭式木桥	河500m 桥长10m×宽3m	52	2	50
河水养鱼	20 000条	16	8	8
农耕文化展示	500m²	6	3	3
垂钓、观景、休闲、茅草亭	20间 400m²	10	5	5

（续）

项　目	规　模	投入概算（万元）	资金筹措	
			合作社投入（万元）	省市县补助（万元）
蓄水池、周转池	（34×3 800）m^3	113	23	90
排水沟渠	2 000m	98	40	58
灌溉沟渠	1 000m	20	2	18
田间灌溉管网	5 000m	10	5	5
机耕道	2 000m	66	6	60
作业便道	2 000m	24	10	14
钢架大棚	20个 3 600m^2	16	10	6
果蔬产品清洗、整理、包装设施及活动板房	一套 600m^2	45	20	25
冷贮设施	1 000m^3	100	60	40
太阳能杀虫灯、黄板	20盏、15 000张	13	3	10
沼气池及配套设施	200m^3	30	10	20
果蔬产品有机产品认证和品牌建设	5 000t	20	4	16
停车场	2 000m^2	20	10	10
技术培训、宣传及园区展示牌、监管设施	可容纳500人（次）、展示牌20块、监管设施一套	20	5	15
合计	—	1 489	677	812

3. 资金筹措　园区由正安县清溪河果蔬农民专业合作社牵头，以“合作社＋业主”和“合作社＋农户”的模式，采取土地流转和农户联合土地的方式进行。园区建设总投入概算 1 489 万元，其中申请省市县投入 812 万元，正安县清溪河果蔬农民专业合作社成员自筹 677 万元。

应用思考

1. 现代休闲观光农业园建园共有几种筹资方法？

2. 现代休闲观光农业园建园投资的特点有哪些？

3. 怎样降低休闲观光农业园区接待规模的估算误差？

4. 案例分析中安镇农业休闲观光园的投资费用估算表，还可以加入什么项目？

第六单元　现代休闲观光农业园的盈利方式与途径

知识学习

当一个设施齐备、功能完善的休闲观光农业园区建成后，经营者都希望它会带来收益。作为经营者，必须要考虑的是，能拉来多少游客，有什么产品出售，可以挣得多少利润。因此，当休闲观光农业园区的“硬件条件”具备之后，剩下的就是如何科学地管理与经营。经营得当，你便能够轻松完成赢利的任务。

那么，一个休闲观光农业园区的赢利方式都有哪些呢？应当说，赢利的方式是根据经营内容的不同而不同的，但主要有以下几种方式与途径：

一、门票收入

在休闲观光农业的经营中，国内与国外都有部分经营者对游览者收取门票。收不收门票，收多少门票才合适，主要应根据休闲观光园内容的价值而定。一般来说，以休闲观光为主的园区可以收取门票；以新奇特内容为主的园区可以收取门票；以高新科技为主、有学习价值的园区可以收取门票；以采摘小型、高档果品的果园必须收取门票。在此之外的农业园区等则不宜收取门票。

二、休闲观光采摘收入

在城郊果业发展中，许多地方都把销售方式不断改进和提升，即由传统的市场批发、零售、就地销售转变为直接由顾客采摘。事实也证明，生产者自己摘着卖不值钱，而请休闲观光客自己采摘，价格就会明显提升，因为这里包括了游客在采摘时所带来的心情愉悦和收获体验的价值。游客在采摘时，心情十分愉快，对果品价格高低关注较少，对果品的种类、颜色、风味、是否珍稀等则关注较多。

随着休闲观光农业发展和休闲观光果园的建立，各地的休闲观光采摘收入显著增加。据统计，2010 年京郊果园共接待游客 904.7 万人次，同比增长

22.0%；采摘果品总量达4 163.8万 kg，采摘直接收入达 3.3 亿元。京郊采摘开放果园已由 2009 年的 926 个增加到1 114个，面积达到 51.4 万亩（同比增长 4.9%）。通过观光采摘促销果品6 356.3万 kg，促销收入 2.9 亿元。

大连市甘井子区充分发挥地处城乡结合部的优势，把旅顺中路建设成为生态农业旅游休闲观光带，在沿线村庄大力发展以“农家乐”为主的休闲农业，建成了千余亩果树自采园，经营休闲垂钓、果园自采、农家乐等特色旅游项目。凌水镇的刘家村以果树自采精品园赢得了“近郊大樱桃第一村”之美誉，每年吸引众多的游客前来休闲观光采摘。每年仅大樱桃自采收入就达 30 万元以上，同时带动村民庭院经济快速发展，每户居民庭院收入达5 000元以上。

三、度假休闲收入

度假休闲收入主要来自住宿、餐饮及休闲活动。例如，北京市小城镇建设试点之一——北京市丰台区王佐镇南宫村，过去是个非常普通的村庄，在村级党委（2001 年由党总支改建）的带领下，采取“滚雪球”的方式，不断积累集体资金。加快经济发展，逐步走上了可持续发展的道路。

2001 年南宫村投资 1.8 亿元，建成了高效农业园、世界地热博览园、特种水产养殖中心、温泉垂钓中心、地热科普展览中心。2002 年，又建成了具有异国风情的“南宫温泉水世界”，为市民提供了一个观光休闲的场所，经济收益十分显著，村民人均年收入达到12 000元。他们与北京农学院合作，精心打造北京最大的国际郊野休闲度假区，在 25.3km^{2}内依托山（极乐峰休闲观光及佛教文化）、水（青龙湖垂钓及碧水山庄）、田（生态型田园种植）三种旅游资源，塑造“神山、圣水、绿色田园”的新农村形象，满足人们不断提升的观光休闲的需求。

北京蟹岛绿色生态度假村总占地 22km^2，集种植、养殖、旅游、度假、休闲，生态农业观光为一体。度假村以产销“绿色食品”为最大特色，以餐饮、娱乐、健身为载体，以让客人享受清新自然、远离污染的高品质生活为经营宗旨，是北京市朝阳区推动农业产业化结构调整的重点示范单位。

蟹岛绿色生态度假村在我国台湾地区的知名度非常高，台湾的业内人来北京时都点名要去蟹岛，两地的经验也相互借鉴。

四、场地出租收入

场地出租主要指的是本地或外地的市民或企业到郊区通过承包或合作经营的方式，租用一片山场或一块园地发展休闲观光农业，包括度假村建设、餐饮投资等。

五、餐饮收入

享受美食大概也是人们生活中的一个喜好和追求，这一点也被一些有经营头脑的人引入到休闲观光农业中。目前，在全国范围内兴起了生态餐厅热，人们大多已经厌倦了常规的餐饮场所和方式，纷纷利用农业生产和种植资源建起了融休闲观光、餐饮、娱乐为一体的生态型餐厅。

农家乐、民俗游也是以农家为主的餐饮方式，目前多以经营当地的农家菜为主，例如贴饼子、熬小鱼儿、山野菜等，特点是味浓、清爽、下饭，可以算得上是当今社会真正的健康饮食。

知识小窗口

北京红太阳美食生态园（图 6-1）是北京首家依托农业文化建造的自然养生与生态环境主题餐厅，餐厅占地面积40 000m^2，营业面积为15 000m^2。

图 6-1　北京红太阳美食生态园

推开生态餐厅的竹门，眼前立刻豁然开朗，一派绿意盎然的春天景象：小桥流水、热带植物，还有那一畦畦青翠的西芹、鲜嫩的紫背天葵以及娇艳的草莓、圣女果，清澈见底的池中鱼、虾游动。餐厅内分为别有洞天、碧水风荷、莺歌燕舞、明清木制包间、奇域水帘、独木成林、绿岛风情7个风格各异的就餐区域，每个餐桌都与菜地、鱼池相邻，可同时容纳3 000多人就餐，经营规模、就餐环境蔚为壮观。红太阳美食生态园的主体结构是引进荷兰的高科技智能温室玻璃材料构成，其玻璃钢结构不仅具有良好的透光效果，而且能使餐厅内保持四季恒温恒湿。为达到餐厅内的最佳生态效果，红太阳美食生态园还在餐厅内配备了从日本进口的智能喷雾制冷设备，造就四季常青的美好就餐环境。

六、当地农产品销售收入

休闲观光农业的发展可以促进当地的农产品生产与销售。一种是提供的采摘型农产品，例如瓜果类、蔬菜类；一种是经过加工后的农副产品。济南市历城区就是通过调整农业结构，成功建设了城郊特色型休闲观光、休闲农业旅游项目和绿色休闲观光农产品项目的案例。

历城有着独特的农业发展特点，南部山区桃、梨满山，北部平原荷叶遮天。随着农业结构的调整，农业的发展向城郊旅游休闲观光农业和绿色休闲观光农业产品方向转变。

1. 培植旅游休闲观光农业　唐王绿色农业发展中心蔬菜生产基地、张而草莓协会草莓基地、济南先行种业公司蔬菜生产基地等26处生产基地（小区）被确认为市级农业产业化标准化生产基地（小区），已形成独具特色的历城城郊农业休闲观光旅游。近年在南部山区和北部平原推出的“桃花节”“梨花节”“荷花节”，形成了一道靓丽的绿色生态休闲观光农业旅游线。

2. 培植定位高、特色新、生命力强的绿色休闲观光农产品　其玄义玫瑰牌香酥煎饼、佳宝牌纯牛奶、高钙奶3个优质农产品通过了绿色食品质认证，唐王牌番茄、黄瓜等22个优质农产品通过了国家级无公害农产品质量认证。

3. 大量绿色休闲观光农产品远销海内外　18个系列、60余种产品、520余种包装的绿色休闲观光农产品全部打入济南的银座、家乐福、沃尔玛等大型超市；“九顶塔”牌系列产品等5大系列、40多个花色的农产品不仅占领了全省17个地市，而且远销东北三省和北京、上海、天津、南京、香港、广州。

此外，济南华鲁食品有限公司的系列产品出口德国、荷兰、日本等十几个国家和地区；济南杜氏食用菌有限公司生产的真姬菇系列产品，出口日本和部分东南亚国家，探索出了一条以培植旅游休闲观光农业，建设旅游休闲观光、休闲农业旅游项目的道路。

七、地方特色工艺品开发及销售收入

随着休闲观光农业的发展，人们已不满足于基本的吃住玩乐和购买当地的农副产品，而转向具有浓郁地方风情的工艺品开发，因为休闲观光农业与旅游也紧密相关，文化是灵魂，休闲观光旅游是文化外在价值的体现，必须依托文化产品为休闲观光农业提质增效。因此开发并生产相关的地方特色工艺品是扩大休闲观光农业收益的重要渠道。例如，地处沂蒙山腹地的蒙阴县有桃园之称，立足资源优势，着力开发旅游文化产品，这里所产蜜桃个大味美，驰名中外。桃木在我国民间文化和信仰上有极其重要的位置，其木质细腻，木体清香，几千年来，桃木就有镇灾避邪之说，被称为神木。《辞源》中有："古代选桃木枝刻桃木人，立于广中以避邪。汉时，刻桃木印挂于门户，称为桃印……"以桃印长六寸方三寸，五色书如法，以施门户。宋代刻桃符挂于门上意为压邪。现东南亚国家民间以桃木剑置于户中用于避邪。

蒙阴县根据休闲观光需求，采用传统手工雕琢，生产出中华牌桃木宝剑，设计独具匠心、图案古祥、雕刻精细，极具观赏和收藏价值，还出口韩国、东南亚等国家和地区。同时根据市场需求，制作出上百种桃木工艺品，例如人物（关公、观音、财神、寿星等）、动物（龙、凤、鹿、象、十二生肖）风景、挂件（汽车挂件、生活用品挂件）摆件等，不仅满足了顾客的休闲观光与购物需求，而且为当地的桃木综合利用开辟出了新路。

案例与分析

案例 延庆柳沟村"凤凰古城"里的豆腐宴

在北京市延庆县的民俗旅游中（图 6-2），并庄镇的崛起令人惊奇。柳沟村共有 396 户1 020口人，这个村一不靠山，二不邻水，人文景观也很有限。但就是这样一个普通的村庄，凭着祖辈们曾经取暖用过的火盆锅，竟然在短短的两年间，从无到有，从弱到强，迅速崛起成为延庆民俗旅游的领头羊。

据统计，柳沟的民俗接待户已由最初的 14 家，发展到了 2005 年的 46 家。2005 年"五一"黄金周 7 天内，柳沟村 46 家民俗接待户共接待游客12 655人次，民俗旅游收入达 25.3 万元。其中"状元户"闫合花共接待游客1 643人，最高一天收入5 560元，7 天共赚了32 860元。

到底是什么原因使得柳沟村的民俗旅游这么火呢？那就是柳沟独特的"火盆锅、豆腐宴"！

2003 年 6 月，柳沟村推陈出新的火盆锅闪亮登场。柳沟村借助全县大力

图 6-2　柳沟村的民俗游

发展民俗旅游这一契机，在井庄镇党委、镇政府的大力支持下，开始了发展建设民俗旅游之路。经过 4 个月的精心准备，14 家民俗旅游接待户通过有关部门的检查验收，于 10 月 1 日正式接待游客。

但是，柳沟村的民俗游第一炮并来打响。游客们对单纯到柳沟吃农家的炒菜没有兴趣，因为这些炒菜与大饭店的不能比，与其他地方的农家饭也没有太大的区别。因此，柳沟村民俗户开业初期，前来就餐的游客寥寥可数。面对这种情况，井庄镇、柳沟村的干部们急了，他们深入民俗户家庭，集思广益，找寻打破僵局的办法。

偶然间，鲜嫩水灵的柳沟豆腐和祖辈们使用的火盆锅给了他们灵感。于是，他们尝试着推出了极具特色的“火盆锅、豆腐宴”。历史上柳沟的火盆原来是暖手的工具，后来柳沟人在火盆上架上铁锅圈，锅圈上再架上沙锅，沙锅里再放上豆腐、粉条、白菜、熏猪肉慢慢炖着。这本身就是一个大胆的创新。但是，由于生活变化太快，柳沟的火盆锅早已成了历史的陈迹。

于是，恢复火盆锅的使用就成了首要任务。过去的火盆锅只有二尺见方，是一户农家四五口人用的，吃的时候火盆锅放在炕上。这显然不符合现在接待游客的需要，于是民俗户们集思广益进行试验，终于制作出既可以放在炕上，又可以放在地上的每桌能坐 10 人的新火盆锅。隆冬季节，窗外雪花飘飘，屋内火盆里的果木炭烧得通红正旺，火盆上是放着豆腐、熏肉、粉条、白菜等菜的黑沙锅。品尝着沙锅里热腾腾的柳沟豆腐，再温上一壶烧酒，真是人生一大乐事。

民俗不怕俗，就怕没特色。极具民俗气息的“火盆锅、豆腐宴”推出不久很快就吸引了吃腻了大鱼大肉的城里人。一时间，到柳沟吃“火盆锅、豆腐宴”成了时尚，一向寂静的柳沟村外停满了各式各样的小轿车，70%都是回头客。

柳沟村的民俗宴火了，可民俗户们并没有满足于这种程度上的成功，他们又推出了具有去火清热功能的绿豆豆腐和补肾强体的黑豆豆腐，与传统的具有美容养颜功效的白豆腐搭配，形成了农家三色豆腐宴，同时献上炸豆腐、冻豆腐、拌豆腐等一系列的豆腐吃法，将“火盆锅、豆腐宴”不断推向新的阶段。

盛夏时节，柳沟村的民俗户就在家里安上了空调。在不给游客增加成本的基础上，柳沟村夏季的火锅依然红火。柳沟村开展民俗旅游业两年来，接待游客近15万人次，据初步统计，其中回头客占到70%。2005年“五一黄金周”期间，民俗户孙秋先家里7天接待的竟然都是回头客！来过柳沟村的客人还想着再来，除了“火盆锅、豆腐宴”特色的菜肴吸引他们外，柳沟村民俗户的热情质朴也是他们喜欢这里的主要原因。

“火盆锅、豆腐宴”包括1个主锅、3个辅锅、3个小碗、3个大盘、6个凉盘，主食有驴打滚、傀儡、三色豆渣窝窝等十几种。东西虽然很多，但每个人只收15元。无论每桌多少人，民俗接待户绝不会嫌麻烦，都按照这个标准上菜，只是根据人多人少上的分量不同，让每个人都吃饱吃好。

在柳沟村，经常可以看到这样的场景，一些从北京来的游客从村头一下汽车，就拿着报纸寻找报纸上刊登的那家民俗户。有的客人进门就问：“你家是上电视那家吗?”这无疑是宣传的功劳。就连北京电视台2005年元旦联欢晚会上也有柳沟村民俗户闫合花及她带去的三色豆腐的身影，如此大力度的宣传，早已使柳沟村的“火盆锅、豆腐宴”名声远播，所以才出现了游客按图索骥、纷至沓来的喜人情景。

柳沟村整洁宽敞的农家院、醇厚朴实的民俗情、红红火火的豆腐宴吸引了一批又一批城里人。2005年4月，柳沟村成功注册了“柳沟”这一商标品牌，共涉及豆腐制品、腌制蔬菜等11项内容。有了法律的保护，柳沟村的民俗游更加名声远扬。

柳沟村的“火盆锅、豆腐宴”具有浓厚的民俗特色，井庄镇、柳沟村两级政府为其提供了强有力的后勤保障，柳沟村民俗户创品牌、重宣传的意识及真挚热情的服务为其打开了宽阔的局面。拥有天时、地利、人和，“火盆锅、豆腐宴”怎能不红火！截至2004年底，柳沟村共有“火盆锅”民俗户50户，一年来共接待游客6万人次，收入140万元，仅此一项就使民俗户直接获纯利近70万元。

“火盆锅”之所以红火了，不仅是依托了这个村“凤凰古城”的旅游资源，更是因它独到的特色和口味。他们在传统黄豆豆腐的基础上，相继研制出了具有去火清热功能的绿豆豆腐和补肾强体的黑豆豆腐，美味三色豆腐配以农家泥制的大沙锅和土火盆，在京郊民俗菜肴中独树一帜。

应用思考

1. 休闲观光农业园区除了以上的赢利方式，你认为还有什么其他的方式？详细说说你的想法。

2. 你对休闲观光农业园的地方特色工艺品开发及销售有什么好的建议？

3. 餐饮收入是休闲观光农业园的一项主要收入，设计一份调查问卷，对游客喜好的食物品种、口味等进行调查，请列表设计。

第七单元　现代休闲观光农业园的营销策划

知识学习

一、经营思路

休闲观光农业园的经营思路就是休闲观光农业园的生意模式，也是休闲观光农业园赢利的关键因素，它是休闲观光农业园实现目标的战略模式与总体方针。虽然是不可见的，但所有的业务活动都按照它内在的规则运行。休闲观光农业园要想在市场竞争中站稳脚跟，必须审时度势，创新企业经营思路，才能更好参与市场竞争，实现休闲观光农业园经济效益的最佳状态。主要从以下两个方面考虑：

（一）运行机制

休闲观光农业园的运行机制，包括农业园的组织管理、发展方向以及为实现目标所采取的方法和措施。为配合休闲观光农业园的建设，可以成立“休闲观光农业园发展有限公司”，作为休闲观光农业园下属的实业公司和独立法人实体，独立核算、自负盈亏。休闲观光农业园发展有限公司下可以设建设部、规划部、项目开发部、科技服务部、营销发展部、财务结算部等部门，各部门按照工作职能分工协作，各司其责，公司按照市场化运作机制，重管理、重功能、重效益，按企业化模式经营。

强化企业是园区投资建设运营的主体，充分发挥企业在园区建设发展中的作用；加大对企业的培育，实现园区运作的企业化，增强园区发展动力。对企业的经营者，进行文化知识、农业知识、经济管理培训，使其在创新理念、提高文化知识的同时，不断提高企业经营的技能和水平，促进休闲观光农业园不断向科学化经营、规范化服务方面发展。对园区的服务人员也要做好培训工作，提高服务人员的素质。园区要加强制度建设，使管理工作走上制度化、规范化轨道。制定配套政策，鼓励和引导企业及个人进区交易。按企业化机制运行，严格任务责任制，强化目标考核制，经济利益与完成任务挂钩。

休闲观光农业园要善于运用政府引导。在政府引导下，加强组织管理，制订促进园区发展的各项政策，完善总体规划；完善基础设施和配套服务设施，通过抓示范、树样板等形式，扩大示范效应；进一步营造良好的投资环境，积极引导社会资本投资休闲观光农业，积极鼓励农民以土地、资金入股等方式参与建设，推进协作，提高组织化程度，实现休闲观光农业多元化、合作化发展。运用政府为吸引资金、人才、技术创造良好的条件。

（二）营销环境

休闲观光农业园的营销行为不仅受自身条件的制约，也受外部条件的制约。为了更好地进行休闲观光农业园的营销工作，关注休闲观光农业园的内外部环境非常重要。

（1）微观环境。了解休闲观光农业园微观环境主要包括休闲观光农业园内部环境、营销中介、游客、竞争者、公众等。

①内部环境。了解农业园的内部环境，不仅要对农业资源、自然景观、民俗的可展示性进行分析，还要充分掌握本休闲观光园内的功能区是怎样划分的，休闲观光农业园的运行机制又是怎么样的，休闲观光农业园里各个部门是怎么样分配的，营销部门和其他部门有怎样的联系。营销部门的活动要在其他部门的协助和支持下才能更好地开展工作。

②营销中介。包括旅游服务的中间商、营销服务机构等。旅行社作为旅游服务的中间商，推出特色旅游项目和路线是他们的基本工作，也是他们的特长。因此，加强与知名旅行社的合作，不仅可以借助旅行社的工作来推销休闲观光农业园的旅游产品，还可以提高知名度，共同打造精品项目和线路。营销服务机构指广告代理商、传播媒介公司和营销顾问公司、财务中间机构等，休闲观光农业园也要和这些机构加强联系。就财务中间机构而言，休闲观光农业园需要大量资金时，必须制订经营计划并使这些财务机构相信其计划的可行性。休闲观光农业园在营销过程中，必须处理好同这些机构的关系。

③游客。了解微观环境，掌握目标顾客的情况也很重要，要充分调查研究他们的需求特点和“购买行为”。

④竞争者。例如在一定范围内有多少和本休闲观光农业园相似的休闲观光农业园，这些竞争对手的规模和资金状况是怎么样的，竞争者近期又有哪些新动向等。这些因素营销人员都需要做到了如指掌。

⑤公众。他们是指对休闲观光农业园实现经营目标的能力具有实际或潜在利害关系和营销能力的一切团体和个人。公众包括融资公众、媒介公众、政府公众、群众团体、当地公众、一般公众和内部公众等。休闲观光农业园要处理好与各类公众的关系，休闲观光农业园内的所有员工都要与公众建立良好的公

共关系。

(2) 宏观环境。休闲观光农业园的宏观环境包括人口环境、经济环境、自然环境和政治法律环境、科技环境等。这些外在环境会给本地的休闲观光农业园的发展带来机遇，也会带来挑战。

①人口因素。人口是构成市场营销的基本因素。休闲观光农业园所在地区人口的多少直接决定了市场的潜在规模。在对人口因素进行分析时，除了分析本地区的总人口以外，还要研究人口的地理分布和人口结构，人口结构又包含年龄结构、社会结构等方面。

②经济因素。经济因素是影响休闲观光农业园营销的主要环境因素，对营销活动影响较直接的是收入因素和消费结构。收入因素是指目标消费群体的个人收入、个人可支配收入、个人可任意支配的收入水平情况；消费结构是指游客在旅游上的花费占总支出的比例。

③自然环境。发展休闲观光农业园的同时要关注自然环境，坚持“生态第一，可持续发展”的原则。

在这里可以运用 SWOT 分析工具，对休闲观光农业园区发展进行分析。寻找出园区经营发展的优势（strengths）在哪里，园区发展又有哪些劣势（weaknesses），拥有的外部机会（opportunities）是什么，又面临着怎么样的外部威胁（threats）。通过对园区发展的内外部环境的分析，来确定园区发展方向，对休闲观光农业园的发展进行定位。

根据以上所述的经营思路，将有助于实现休闲观光农业园的经营目标。

二、经营策略

休闲观光农业园区的市场推广工作，既要结合休闲观光农业的特点又要跳出自身的特点来进行，应是层次化、多样化与品牌化经营策略三者的有机结合。

（一）目标市场层次化

休闲观光农业园旅游产品类型丰富，可适应多种顾客群，但市场仍应分层次，根据市场定位来锁定主要的细分市场。例如大众休闲度假旅游、青少年素质教育、商务会议等目标市场，进行重点推介。

（二）促销形式多样化

强调多样化的促销手段，应对目标市场顾客综合运用广告、营业推广、公共关系、人员推销等各种方式，或与主要客源市场的旅行社、旅游企业或本地区传统景区积极开展合作。再结合各季节农作物的采收期和当地的乡风民俗，推出若干有特色的节事活动。

对本地市场，采取的手段有：①依靠政府及相关部门的指导与扶持，结合本地新闻媒体进行宣传；②主动向机关团体、社会机构派发宣传册、挂历等资料，并给予优惠政策，逐渐形成一批回头率高、消费稳定的团体；③对外地市场，依托中心城市设立办事处拓展业务，并多渠道参加依托中心城市及邻近城市举办的旅游交易会、展销会，或运用合作方式把各地较大型的旅游工作年会吸引到本园召开，乘机为自己大做宣传。

另外，无论是本地市场或外地市场，对阶段性宣传时机要把握准确，例如利用中国传统的节假日、各类会议的高发期、各应节水果的最佳采摘期、旅游黄金周、学生假期等，针对不同的消费对象选择性的采取传真、寄卡片、派发卡片等方式促销服务。

（三）市场营销品牌化

树立品牌化营销观念。随着市场经济的发展，价格竞争将逐渐过渡到以文化为内涵的品牌化竞争。在激烈的旅游市场竞争中，休闲观光农业园的经营者应摆脱小农意识，树立长远的战略眼光，通过景区建设的精品化、旅游服务的优质化以及旅游形象的鲜明化等途径，逐渐达到在市场上确立自身良好品牌的目的。

三、形象设计

形象设计是休闲观光农业项目成功的一项重要环节，形象设计的好坏对项目成败与否起着关键性作用。一般来说，形象设计应具有如下特点：识别性、系统性、统一性、形象性和时代性。旅游的形象设计包括理念形象设计、视觉形象设计和行为形象设计。理念形象设计是核心，视觉形象设计和行为形象设计围绕理念思想展开。理念形象设计是观光农业形象设计的基础、灵魂和核心，观光农业必须建立在广泛而深刻的理念分析基础之上。通过对观光农业区的理念分析，形成对园区产品清晰而准确的认识，并可进一步由此建立用以表达和传播观光农业形象的主题和宣传口号。休闲观光农园旅游区的视觉形象由农作物、建筑物景观，各神标牌、标志、员工穿着等构成；行为形象则通过员工的言语、行动予以表达，其传播途径主要有公众识别、广告传媒、市场促销、公关活动等。

休闲观光农业的形象设计可包括如下几个方面：

1. 旅游标志设计 主体旅游形象策划具体包括旅游标志物、旅游口号和旅游吉祥物的选择和设计，具有综合性、稳定性、可塑性的特征。用鲜活、生动的口号，例如“城市上班族”“假日做农夫”“上山下乡”“与自然紧密接触”“工人小菜园”等来宣传园区。

2. 解说系统设计 在主要旅游景区设立旅游信息咨询中心，利用各种文字资料或音像制品向游客介绍休闲观光农业区的旅游发展情况。通过设计完备的解说系统，提高主要旅游区的接待能力。保证为旅游者提供优质服务，加强社区居民的旅游意识教育，形成良好的市场口碑。同时还要尽快健全相应的旅游基础设施。

3. 指示系统设计 包括旗帜、广告招牌、室内外指示牌、展示板、各区域看板等各种指示标志。

4. 旅游宣传册设计 精心制作各类介绍休闲观光旅游农业景区景点、风土人情及地方特产的宣传册，并出版发行有关主要景区景点的明信片、导游图、VCD 等图文声像资料。

四、旅游路线设计

休闲农业线路是旅游产业的重要组成部分，是休闲农业产品的主要表现形式。主要由吸引物、交通、住宿、娱乐、购物等设施及其服务要素组成。

1. 休闲农业线路的类型 目前对旅游线路的分类方法很多，根据游客的目的及旅游方式可将休闲农业路线分为以下两类：

（1）观光游览型线路。这种线路以观光游览为主，同一线路上串联的景点较多，景点类型多样，游客在每一景点的滞留时间相对较短，旅游活动安排较为紧凑，游客获得的是一种综合体验，体验程度一般不深。这种线路对涉及的时间、空间、旅游活动、设施搭配等方面要求十分严格，应科学设计、妥善安排。

（2）体验参与型线路。这种线路主要考虑的是游客在某些方面的体验效果，串联的景点（体验区）较少，旅游活动相对较为松散，耗费时间较长。游客自由活动余地大，很多甚至是间隔性的旅游，大多数休闲农业线路应设计为这种类型。

2. 休闲农业线路的设计原则

（1）主题突出原则。每一条线路应具有自己的特色，形成鲜明的主题，并在食、住、行、游、购、娱等方面选择相对应的表现形式。

（2）市场导向原则。在旅游允许的范围内，尽可能地满足游客的需求。针对市场需求，注意季节波动，保持客流平衡，合理搭配旅游热点、温点和冷点。

（3）注重游客行为分析原则。线路设计中，应充分考虑游客行为特征，设计出符合游客行为规律的线路。

（4）环境保护和环境教育原则。线路设计要用于环境保护和环境教育，这是最基本的要求。

（5）用于展现景点风采和充分发挥景点功能原则。线路设计中在景点串联和时间安排上应充分利用最好最佳观赏时间和功能的最佳发挥时间。

（6）合理安排顺序和节奏原则。线路设计应考虑游客的心理、体力、精力状况，注意人体生物节奏对游览心理和体验效果的影响，并以此安排旅游的顺序和节奏。

3. 休闲农业线路的设计步骤

（1）确定目标市场的成本，这决定了线路的性质和类型，涉及开发导向的问题。

（2）根据游客的类型和期望，确定组成线路内容旅游资源的性质、类型及空间分布格局。

（3）根据组成线路的资源环境保护目标，结合上述两个步骤的背景材料，对相关基础设施和专项设施进行分析，设计出若干可供选择的线路。

（4）根据专家咨询及试验分析，选择最优的线路。

（5）信息反馈及线路优化调整。

五、营销策略组合

在对潜在游客进行市场细分的基础上，根据前面确定的休闲观光农业园的目标市场，再进行市场定位，然后根据原来已定的经营目标，确定休闲观光农业园的营销策略组合。

（1）产品策略。在市场导向下，优先发展具有一定优势的生态旅游项目，带动全园区经济发展。根据前面所说的“因地制宜，追求特色”原则，休闲观光农业园要树立“特色品牌就是客源”的理念，研究特色、挖掘特色，用“特色”的招牌树立形象、吸引游客。由于农业休闲观光产品不同于一般商品，具有不可移动、不可储存的特点。因此在宣传上应更加重视产品的形象设计和注重品牌塑造，充分体现休闲观光农业园的文化内涵。根据游客需求的变化，不断推出新颖的主题活动，保证客流源源不断。

（2）定价策略。定价策略方面，主要指休闲观光农业园的门票和园内旅游项目以及纪念品等方面的价格的制定。休闲观光农业园在选择、确定定价策略的时候，要考虑影响定价的 4 项主要因素：

①定价目标。以采摘园内采摘水果为例，休闲观光农业园要根据不同水果、不同环境、不同时期的实际需要，采取不同的定价策略，制定不同的营销目标，形成一定结构的目标组合。休闲观光农业园的营销目标包括：维持休闲观光农业园生存、争取当期利润最大化、保持或扩大市场占有率、抑制或应对市场竞争等。

②产品成本。依据产品成本，计算休闲观光农业园定价的下限，再根据一

定的目标利润率来制定价格。

③市场需求。市场需求指一定的顾客在一定的地区、时间、市场营销环境和市场营销方案下对某种商品或服务愿意而且能够买的数量。例如，面向园区所在省（市）中学生的科普基地，在计算旅游市场需求时，可以用本省（市）中学生的总数乘上一定的比例。比例的选择可以参照有关专家或其他有经验人士的估计，同时也要考虑到距离的远近问题。

④竞争者的产品价格。以休闲观光农业园的门票为例，休闲观光农业园应了解同类项目的休闲观光农业园的价格。定价上可以采用成本导向定价法、需求导向定价法、竞争导向定价法。市场供给需求和市场需求弹性的分析对定价也很重要。

（3）促销策略。促销是促进销售的简称。促销概念有广义和狭义之分。狭义的促销仅指销售促进，而广义的促销则包括广告、销售促进、人员推销和营业推广四大促销组合工具。

休闲观光农业促销是指营销人员将休闲观光农业产品的信息通过各种方式传递给目标顾客，以促进其了解、信赖该产品，并达到刺激需求、促进购买、扩大销售目的的一系列活动。例如，某农业示范园通过营销人员带领参观、讲解、品尝、体验等促销方式，将其所生产的产品的功效、食用方法介绍给游客，以达到促销的目的。

①广告。广告制定过程包括广告目标确定、广告预算决策、广告信息决策、广告媒体决策和评估广告效果五项决策。

a. 确定广告目标市场：在进行广告决策时，广告的目标必须集中于潜在销售市场。所谓潜在市场，即某一市场可能只吸收购买一定数量的某项产品，该市场即为该商品的潜在市场，它是广告的市场调查确定的。因此，在准备对一项产品进行宣传的时候，应该肯定产品的一定特征及其明确吸引力，而且，通过对产品的广告宣传，也确实可以突出其形象。不仅如此，现在还应该加上一项条件，即该产品确实在目标市场上具有很大的潜在销售能力。广告在传播计划的制订中，首先要根据企业营销目标的基础，来确定广告宣传的角色，并配合广告目标市场的规划，拟定相应的广告宣传计划及其目标任务。

b. 广告目标：广告目标是企业借助广告活动所要达到的目的。广告的最终目标是增加销售量和利润，但企业利润的实现，是企业营销组合战略综合作用的结果，广告只能在其中发挥应有的作用。因此，增加销售量和利润不能笼统地作为广告的目标。供企业选择的广告目标可概括为以下几种：

- 以提高产品知名度为目标。主要是向目标市场介绍企业产品，唤起初步需求。以提高产品知名度为目标的广告，称为通知性广告。通知性广告主要用于一种产品的开拓阶段，其目的在于激发产品的初步需求。

● 以建立需求偏好为目标。这一广告目标旨在建立选择性需求，致使目标购买者从选择竞争对手的品牌转向选择本企业的品牌。以此为目标的广告叫作诱导性广告或竞争性广告。近几年，在西方国家，有些诱导性广告或竞争性广告发展为比较性广告，即通过与一种或几种同类产品的其他品牌的比较来建立自己品牌的优越性。当然，由于企业或产品在消费者心目中的形象并非单纯由广告形成的，因此，比较性广告应当把企业整体营销组合战略传达给潜在购买者。如果企业或产品缺乏良好的声誉，广告在这方面所承担的任务就更为重要了。

● 以提示、提醒为目标。目的是保持消费者、用户和社会公众对产品的记忆。提示性广告在产品生命周期的成熟期十分重要。与此相关的一种广告形式是强化广告，目的在于使产品现有的消费者或用户相信他们所做出的选择是正确的。

广告目标是企业目标的一部分，企业在确定广告目标时，要与企业目标相吻合。为达到这一目的，客观上要求从整体营销观念出发，寻求与企业营销组合战略、促销组合策略有效结合的企业广告目标。

c. 广告的设计与内容：

● 广告设计。广告设计应该评价各种可能的广告信息。广告信息可根据愿望性、独占性和可信性来加以评估：要说明一些人们所期待的、有兴趣的、有愿望消费的事；必须说明有别于同类产品（品牌）的特色，或者独到之处；必须是可信的，或者是可以证实的。

● 广告内容。广告内容应该进行市场分析和研究以确定哪一种诉求的感染力对目标受众最成功。在广告活动中，企业必须知道广告应该向受众传达什么样的信息内容。信息内容也称广告主题或广告诉求，一般来说，信息内容有理性诉求、情感诉求和道德诉求三种。

d. 广告宣传媒体：

● 平面媒体。包括报纸、杂志、邮政直投广告、宣传册等。由于“农家乐”“京郊一日游”等活动内容具有时效性和多变性，且城市居民出游时间也较为集中，因此，应选择时效性强的平面媒体。

● 广播媒体。广播是一种通过听觉产生效果的广告媒体，其优点是迅速及时、传播范围广、制作简单、费用低廉；缺点是时间固定，表现手段单调。

● 电视媒体。电视媒体宣传的成本较高，公交汽车上的移动电视、写字楼的广告电视以及楼宇大厦的大型屏幕都是很有效的宣传媒体。可以利用电视媒体与电视台进行合作，录制一些专题节目。例如，北京电视台的“京郊大地”、中央 7 套的“每日财经”节目等，都有助于园区的宣传。

● 户外路牌。在休闲观光农业园附近设置大型的宣传广告牌，在村落、路口制作灯箱、平面广告牌，起到了更好的宣传和造势效果。

● 网络媒体。通过网络，在一些点击率较高的论坛发布信息，创建宣传园区的博客、自制园区的宣传网页等。

②销售促进。

a. 针对消费者的销售促进：

● 赠送样品。免费向顾客发送样品供其试用，主要用于新产品推广阶段。发送样品的方式有挨家派送、邮寄发送、店内发送、随其他商品的销售配送、随广告分发等。

● 优惠券。优惠券是一纸证明，持有者在购买某种特定商品时可凭其少付部分价款。

● 特价包装（也称小额折让交易）。即以低于正常水平的价格和特别的包装方式向消费者销售产品。其形式有：减价包装，即减价供应的拆零包装（如买一送一）；组合包装，即把两种相关的产品包装在一起（如牙膏和牙刷）。

● 赠送礼品。免费或低价向消费者提供某种物品，以刺激顾客购买特定产品。

● 奖励。即在消费者购买某种产品后向其提供获得某种奖励的机会。

● 累计购买奖励。即在消费者购买某种产品或光顾某一场所达一定次数后，凭某种证明可获得奖励。

● 免费试用。通常是指在销售现场请顾客试用产品，或者把样品送给顾客试用一段时间后收回。

● 产品保证。是指对产品的质量做出某种保证或者对购买后的使用、维修做出某种承诺。

● 联合推广。两个或两个以上的企业进行销售促进方面的合作，以扩大各自产品的销售额或知名度。

b. 针对中间商的销售促进：

● 价格折扣。在某个特定时期，生产厂家对中间商所采购的商品给予一定比例的折扣。目的是鼓励中间商更多地进货或者配销新产品。

● 免费产品。在中间商购货时额外赠送一定数量的同种产品，其目的与价格折扣相似。

● 促销资金。生产者向中间商提供资金以供其进行广告宣传等促销活动。

c. 针对推销员的销售促进活动：

● 销售红利。事先规定推销员的销售指标，按其超额多少提取一定比例的红利，以此激励其努力推销商品。

- 销售竞赛。在推销员中开展销售竞赛，对销售业绩领先的推销员给予奖励，以此调动其积极性。
- 推销回扣。从销售额中提取一定比例作为推销员推销商品的奖励或酬劳，通过回扣方式把销售额与推销报酬结合起来，有利于激励推销员积极工作。

③人员推销。人员推销的方法见表 7-1。

表 7-1 人员推销方法

按推销人员与顾客见面方式分	一对一推销法：一个推销人员对一个顾客展开推销工作
	多对一推销法：一组推销员对一个顾客展开推销工作，主要用在对成套产品的推销或新产品的试销阶段
	一对多推销法：一个推销人员面对许多顾客，在零售展销及订货会的场合较多见
	多对多推销法：几个推销人员面对许多顾客，常见于大型订货会
按推销人员的派出方式分	按产品派出：一个或一组推销人员负责一类产品的推销工作，适用于产品种类较多、产品之间技术差异较大、市场区域不太大的情况
	按顾客派出：根据消费群之间的差异，由一个或一组推销人员向某一类消费者或顾客推销，适用于产品技术相近、顾客之间差异较大的情况
	按地区派出：一般适用于产品单一、市场较大的企业。将市场分为几个区域，一个或一组推销人员负责一个区域
	按综合型派出：将上述几种方式组合起来的派出方式，适合于集团化、多角经营、市场区域大的企业
按推销活动方式分	定点定时推销法：将在推销区域内的推销对象根据其进货和销售情况分别编号，按照其需要补货的时间分别上门，适时进行推销
	流动巡回推销法：将负责的推销区域画成图，设计合理的巡回路线，进行流动巡回推销。适合于购买量小、进货额低、需要保鲜的商品
	节假日推销法：利用节日、假日进行推销。比较适合于礼品、个人用品或有特别意义的商品
	集中时间推销法：在一定的时间内集中力量推销。适用于新产品初上市、产品销售下降的时期或该种产品的销售旺季

④营业推广。

a. 对消费者的营业推广：对消费者的销售促进是为了鼓励消费者更多地使用产品，促使其大量购买。其主要方式有：

- 赠送样品。企业免费向消费者赠送商品的样品，促使消费者了解商品的性能与特点。样品赠送的方式可以派人上门赠送，也可以通过邮局寄送；可以在购物场所散发，也可以附在其他商品上赠送等。这一方法多用于新产品促销。

- 有奖销售。这是通过给予购买若以一定奖项的办法来促进购买。奖项可以是实物，也可以是现金。常见的有幸运抽奖，顾客只要购买一定量的产品，即可得到一个抽奖机会，多买多奖；或当场摸奖，或规定日期开奖。也可以采取附赠方式，即对每位购买者另赠纪念品。

- 现场示范。利用销售现场进行商品的操作表演，突出商品的优点，显示和证实产品的性能和质量，刺激消费者的购买欲望。这是属于动态展示，效果往往优于静态展示。现场示范特别适合推出新产品，也适用于使用起来比较复杂的商品。

- 廉价包装。在产品质量不变的前提下，使用简单、廉价的包装，而售价则有一定削减，这是很受长期使用本产品的消费者欢迎的。

- 折价券。这是可以以低于商品标价购买商品的一种凭证，也可以称为优惠券、折扣券。消费者凭此券可以获得购买商品的价格优惠。折价券可以邮寄、附在其他商品中，或在广告中附送。

- 以旧换新。将以前购买的同品牌的老产品或别的品牌的同类产品折价，再加上一定数量的现金即可换购该品牌的新产品。

b. 对中间商的营业推广方式：对中间商的销售促进，目的是吸引他们经营本企业产品，维持较高水平的存货，抵制竞争对手的促销影响，获得他们更多的合作和支持。其主要销售促进方式有：

- 销售津贴。也称销售回扣，这是最具代表性的销售促进方式。这是为了感谢中间商而给予的一种津贴，如广告津贴、展销津贴、陈列津贴、宣传津贴等。

- 列名广告。企业广告中列出经销商的名称和地址，告知消费者前去购买，提高经销商的知名度。

- 赠品。包括赠送有关设备和广告赠品。前者是向中间商赠送陈列商品、销售商品、储存商品或计量商品所需要的设备，如货柜、冰柜、容器、电子秤等。后者是一些日常办公用品和日常生活用品，上面都印有企业的品牌或标志。

- 销售竞赛。这是为了推动中间商努力完成推销任务的一种促销方式，获胜者可以获得现金或实物奖励。销售竞赛应事先向所有参加者公布获奖条件、获奖内容。这一方式可以极大地提高中间商的推销热情。例如，获胜者的海外旅游奖励等已被越来越多的企业所采用。

- 业务会议和展销会。企业一年举行几次业务会议或展销会，邀请中间商参加，利用此种业务会议和展销会加强双方沟通，一方面介绍商品知识，另一方面现场演示操作。

c. 对推销人员的营业推广方式：推销人员经常要将许多不同品牌的商品推荐给消费者使用，因此，企业常运用销售竞赛、销售红利、奖品等销售促进工具直接刺激推销人员。

案例与分析

案例一　南京市江心洲规划原则、经营思路与营销策略

江心洲（图 7-1）位于南京市西部，为扬子江中一个小岛。全岛面积 15km²，拥有人口 1.2 万。1.2 万亩耕地中盛产各类果品和蔬菜，其中葡萄 4 000亩，韭菜3 000亩，小品种蔬菜2 000亩，其他如桃、柿、枇杷、石榴等杂果1 000亩，全岛绿化覆盖率为 87%。自 1997 年发展农业旅游以来，景区形成"二街三带"的格局，即农趣民俗街、农家美食街、田园风光带、穿洲公路景观带和沿江风光带。江心洲的农业旅游已初具规模，在田园、农趣、民俗的基础上逐年得到发展和完善，2004 年 4 月顺利通过国家旅游局验收，成为首批全国农业旅游示范点。

图 7-1　南京市江心洲实景

一、江心洲的规划原则

江心洲在进行改造、美化使之更适合观赏游览的同时，为克服适游期短、单纯农业观赏既显单调又受季节转换和植物自然生长规律等因素的制约，积极吸纳社会各方资金，加快景点建设步伐，增加活动内容。现有洲头湿地公园、婚俗馆、精品果园、民间作坊馆、精品蔬菜园、乡土乐园（奇根馆）、紫光田园、衣趣馆、民俗百业馆、江村农俗园、江岛酒坊、葡萄乐园12个景点。

江心洲的总体规划体现了以下规划原则：

1. 生态原则 休闲观光农业园在开发旅游项目的时候，应该着力保持其“农”味、“土”味、“野”味，做到保护与开发并重，走农业旅游与生态旅游相结合的道路，实现可持续发展。江心洲开展的旅游项目就体现了这一点。精品果园向游客充分展示各种水果生长习性及种植特性，游客可亲身参与蔬果、采植等农业种植活动；精品蔬菜园开展采摘、识别、农作劳动等活动，为游客提供一个了解农村，体验农民生活的场所。

2. 因地制宜原则 因地制宜要求充分利用原有地形，也就是说休闲观光农业在原有生产基地的条件上，进一步开发而成。旅游休闲观光农业必须根据各地区农业资源和农业生产条件以及当地季节特点，充分考虑其区位和交通条件，因时因地制宜，突出区域特色。例如，位于江心洲最南端的洲头湿地公园，在2005年，在荒滩的基础上改造成以绿地、广场、小丘为主要内容的湿地公园，现在此地为观赏南京长江三桥与长江风光的绝佳之地。

3. 经济性原则 开展旅游休闲观光和进行园林改造是为了带来更好的经济效益。在考虑经济生产的同时，也要开发一些效益较好的项目。例如采摘园类项目，江心洲有葡萄乐园、精品蔬菜园、精品果园等。

4. 参与性原则 让游客参与体验，是提高休闲观光农业园吸引力的重要的因素。江心洲各个景点几乎都有让游客参与的活动。婚俗馆就向游客提供了抛绣球、坐花轿、扮演新郎新娘、拜天地、吃农家喜宴等活动；游客可以在民间作坊馆拉碾子、推磨、赶毛驴，可以参与手工刺绣、手工纳鞋底、纺车纺线等，在铁作坊和木作坊可以打铁、抡锤、刨木头。

5. 文化原则 在园区的景观设计中，应充分挖掘当地的历史人文、宗教文化、民族文化、生活习俗甚至饮食文化等，将这些文化与休闲观光农业相结合，这样所营造出来的景观则更具神韵。婚俗馆充分挖掘婚俗习俗，收集各类民间婚俗用品作为静态展示；收集各类民间婚俗饰品作为装饰；收集各类民间婚俗趣味习俗作为讲解题材。使游客在参观、参与之余，趣味性地了解中华民俗文化。

6. 多样化原则　对休闲观光农业园进行规划的时候，要考虑到可以为游客提供多种自由选择的机会。在游玩方式上，江心洲推出了“田园民俗”一日游、“欢乐农家”二日游、“绿色江风”一日游、“学生学农专线”等。在交通出行方面，游客可以挑选“面的”、电动休闲观光车、浏览式自行车等交通工具浏览江心洲。

7. 以人为本原则　在休闲观光农业园的设计中，处处以人为本，重视游客的需求，一方面体现在让游客参与采摘、种植等劳动中，体验自己动手的乐趣；另一方面体现在基础设施建设上，江心洲不仅提供很多体验性的项目，还提供休息、餐饮等配套服务设施，例在饮食上，江心洲定点的农家饭店就有12家。

二、江心洲的经营思路

江心洲农业旅游至今已经过了几年的发展历程，回顾这几年江心洲的迅速发展，是多种因素综合作用的结果，现将江心洲的主体经营思路总结如下：

1. 发掘自身特色，发展农业农俗旅游　以发掘自身的个性特色为根本，大力发展农业旅游、农俗旅游。抓住农业结构调整的契机，创都市农业品牌，进行农田改造、调整农业结构、巩固提高特色农业，形成集生产性、观赏性于一体的现代农业示范地和旅游胜地。旅游活动的开展，有力地拉动了该镇经济的发展，使农民投资旅游的热情高涨。在这种情况下，政府积极引导农民利用现有的农业资源，发展农俗旅游，并在政策、资金上给予帮助。由政府邀请有关民俗专家进行规划设计的、农民投资兴建的各个具有乡土气息民俗小馆组合成了江心洲“民俗村”，并成为该镇旅游业中另一个亮点，通过了国家旅游局“国家AA级旅游风景区（点）”的评审验收。岛上提供的有别于城市公园、风景名胜区的景观和各类旅游活动，对游客尤其是城市居民产生了巨大的诱惑力和吸引力，使该镇的农业旅游得以快速发展。

2. 做好资源开发保护，树立旅游品牌形象　以旅游规划为依据，做好资源的开发、保护工作，策划特色旅游活动，树立旅游品牌形象。

自1997年，区、镇两级功能定位后，该镇农业旅游逐步兴起，为充分利用资源，同时做好资源保护工作，该镇邀请了有关专家上岛进行了调研、座谈，并委托南京市规划局、规划设计院作了《梅子洲旅游度假区总体规划》；1998年委托省农科院作了《江心洲都市农业规划》；2000年又委托新西兰贝卡尔公司作全岛的旅游发展规划，目前此项工作正在进行中。通过这些专业规划，理清了发展思路，明确了发展方向，少走了弯路，同时对资源、环境进行了有效的保护，为以后的发展预留空间，积极实施可持续发展战略。

要吸引游客，拉动人流，仅靠规划还是远远不够的。该镇充分利用葡萄这个农业资源载体，精心策划了“江心洲葡萄节”活动，活动内容新颖、丰富，注重趣味性、新奇性、参与性、知识性，使游客常游常新。不断发掘的旅游亮点，使游客们游兴大增，连续几年的葡萄节活动，使得该镇的葡萄在南京乃至更广泛的地区都有了一定知名度，树立了江心洲葡萄节的品牌形象。

3. 大力吸引社会投资，进行市场化运作 以创新机制、营造环境为立足点，大力吸引社会投资，进行市场化运作。

该镇在1997年发展旅游业之初便瞄准社会资金，大力吸引社会投资，走政府推动、社会参与的市场化发展路子。近三年来，省、市、区、镇投入7 000万资金，筑环洲大堤，修洲内道路，改造农业园区，美化环境，建设旅游基础配套设施，为旅游业的发展创造物质基础条件。同时，对上岛投资者给予一定的优惠政策，只要是投资于旅游项目的，做到特事特办、急事急办。

另外，既然是发展农业旅游，农民积极性的调动非常重要。在政府的引导下，越来越多的农民参与到旅游餐饮、旅游交通等旅游服务行业中来，近几年又吸引了农民资金进行农俗景点的开发建设，仅农民投资兴办旅游项目就达500多万。因此，目前洲上的旅游景点基本上都是由岛上农民、岛外企业及私人投资兴建的。在吸纳社会资金兴办旅游的情况下，各景点开发的企业、个人均是独立的市场主体，责、权、利相统一，风险与收益都由企业、个人自身承担，使企业、个人作为市场主体的积极性得到充分调动，使他们在景点建设、市场开拓、经营管理等环节上下功夫，促使各景点出奇、出新、出精品。并将本地的农产品进行包装、改造后，作为旅游商品进行销售，提高了农产品的附加值，解决了农产品的销售问题，获得最大收益。而政府在营造良好的外部环境的同时，对市场竞争和产业发展进行合理的引导和调控。

4. 大力开拓旅游市场，扩大知名度 以宣传促销为主要途径，大力开拓旅游市场，扩大该镇的知名度。

该镇在做好规划、加快景点开发的同时，积极向社会推出旅游节庆活动，并通过电视、广播、报刊等新闻媒体适时、动态、多视角、全方位地进行宣传，让游客及时了解该镇各方面的变化及旅游活动策划情况，使我镇成为广大市民闲暇时出游的首选地。以2000年葡萄节为例，此次活动分四个步骤进行：第一步在节前两个月就开始早期的宣传，主要介绍本届葡萄节与往年的不同之处，各类活动的策划、景点的介绍，服务管理措施等；第二步在节前一个星期举办新闻发布会，进行密集宣传，介绍活动内容，强化游客印象；第三步是节日期间新闻的跟踪报道；最后一步则是在活动尾期，邀请专家、记者发表各类评论文章。通过这四步全方位的、由浅入深的宣传，提高该镇葡萄节的知名度，带来了大量的客源，获得巨大的经济效益和社会效益。另外，该镇积极参加各种旅游促销会，组织旅行社老总上岛观光游览，加强与旅行社合作，多方面宣传江心洲旅游。例如，江心洲葡萄节开幕前在江苏电视台《超级震撼》栏目及各大新闻媒体进行宣传，开幕当天就吸引游客2万余人。

三、江心洲的营销策略

1. 产品策略 江心洲的农业旅游目前已初具规模，主要包含了田园、农趣和民俗三大方面。江心洲以葡萄为特色，用葡萄这块“特色”招牌树立形象、吸引游客。江心洲葡萄种植面积已达286.8km^2，占总耕地面积35.8%，年产鲜食葡萄600万kg以上，2007年江心洲葡萄品种已达到50余种。1999—2007年已成功举办了8届葡萄节。葡萄节一般是每年7月上旬到8月下旬，2007年由于引进早熟、中熟、晚熟3种类别的葡萄，并增加了20个品种，葡萄节延长到10月中上旬。

同时，根据游客需要的变化，不断推出新的项目与主题活动。2004年在民俗街上建立了农趣民俗街牌坊和百业馆，2005年建立了洲头湿地公园等。在江心洲旅游网上有最新的活动板块，向游客介绍最新推出的新的主题活动，来保证游客的源源不断。

2. 价格策略 根据江心洲旅游网上公布的供参考的收费标准是：包车在全洲旅游，全程收费80元，必须每个景点都到，总时间不低于4个小时；横杆渡口10元；红光渡口5元；葡萄园10元；红卫渡口5元；紫旗杆渡口光田园30元；美食街5元；洲头公园10元；民俗街5元等。

对于农产品来说，因为农业旅游使其附加值得到了提高，比一般的同类农产品价格要偏高。以葡萄为例，在政府的引导下，农民加强管理，注重科技投入，2007年的价格比往年大幅度提高，最高达到每千克50元，最低的也达到每千克5元。

3. 促销策略 通过各种途径和方式加大宣传。江心洲建立了专门介绍的江心洲旅游网，包括江心洲概况、美丽的风景、好玩的地方、有趣的节目、最新的活动、好吃的东西、游玩的方式、互动专区等板块，通过图文并茂的形式让游客了解江心洲，吸引游客前往江心洲休闲观光、游览。江心洲通过举办江上人家新春乐、农趣擂台赛、江鲜美食节、葡萄节等方式来宣传江心洲。在2007年中国农学会学术年暨全国休闲农业论坛上给各地专家的宣传单上就有关于江心洲的介绍，举办方还特地安排专家去江心洲进行考察，最大限度扩大江心洲的影响。

案例二　绍兴市新昌县休闲农业发展规划线路设计

1. 组合线路　将新昌县休闲农业产品与传统旅游线路以及与其他地方的休闲农业产品进行有机结合，向市场推出具有核心竞争力的产品。

（1）“新天仙配”与休闲农业结合。将现有在市场上具有较高知名度的“新天仙配”线路进行重新设计，增加体验农业的内容，可以把七盘仙谷、浙东现代渔业示范园、来益生态农业示范园、名茶物流中心结合进去。

（2）花卉观赏考察之旅。萧山中国花木城—绍兴漓渚、兰亭、王坛—新昌西班牙农业风情园、木樨山庄—宁波柴桥。

中国花木城、绍兴漓渚、兰亭的兰花、王坛的梅花、新昌西班牙农业风情园的高档盘花、木樨山庄的桂花、宁波柴桥的杜鹃花构成中国富有特色的花卉观赏产品，也可以作为花卉生产技术观摩、培训之线路。

（3）生态农业观摩考察之旅。杭州传化国家农业示范园区—新昌浙东现代渔业示范园—来益生态农业示范园—奉化滕头—宁波慈溪。

这条线路展示了中国长三角现代生态农业的精华，可以向全国农业部门主推。

（4）农业科普教育之旅。杭州传化国家农业示范同区—新昌农史农技展示中心—观赏鱼繁殖中心—名果名花引繁中心—奉化滕头。

这条线路可以展示现代高科技农业和古代农业的精华，游乐结合，有很高的趣味性，可以向本省学生市场主推，举办夏令营。

（5）茶果产业观摩考察之旅。新昌名茶物流中心—西山名优水果休闲观光园—茶叶博览园—黄岩早橘—玉环文旦休闲观光园。

这条线路可以展示浙江的主要水果产业精华，同时结合滨海风光与美食，对外省具有较高的吸引力，可以向华北、西北、东北市场主推。

（6）农林特产品赏购之旅。以名茶物流中心、西山名优水果休闲观光园、茶业博览园、来益生态农业示范园为主线，组合名茶、宁富的水果、花生、板栗、蔬菜等向杭州、绍兴、宁波、上海、苏州、嘉兴等城市居民主推。

（7）寻找健康之旅。以七盘仙谷、生态植物园、森林保健中心为主题，学习中草药、保健知识，享受森林健康促进环境与产品。主要向杭州、绍兴、宁波等附近城市中高收入群体主推。

2. 区内“十全十美”线路　七盘仙谷—来益农业生态示范园—芦笋基地—浙东现代渔业示范园—生态植物园—西班牙农业风情园—西山名优水果观

赏采摘园—茶业博览园—木樨山庄—长诏休闲垂钓中心。

3. 个性化线路　休闲农业特点在于个性化，需要经营单位针对不同的游客群体进行创意。

（1）针对中青少年，推出七盘仙谷农事参与、观赏鱼繁殖中心的体验游。

（2）针对中老年人，为了保健和恢复身心，治疗城市病和亚健康病，推出天姥山森林公园保健游。

（3）针对中老年以及女性游客，推出绿色农产品购买游。

（4）针对大学生，推出七盘仙谷的农史农技馆、农事参与乐园、唐诗宋词夏令营等亲近乡村、体验文化的科普教育路线。

（5）针对自驾车消费群，推出多样化的产品设计。

案例三　北京羊台子村的押花画促销策略

羊台子村位于北京市昌平区南口镇西北 17km 处，北距八达岭长城 2km，现有村民 130 户，300 口人，下辖 11 个自然村。2006 年 3 月，羊台子村与昌平职业学校结成新农村合作伙伴，经过村、校双方充分调研、分析、了解市场需求，充分利用村里的自然资源，最后确定以押花项目为切入点，对村民进行押花制作技能培训。

培训老师先从最基本的教起，首先对村民进行美术培训，教村民绘画、审美的基础知识，让村民具有一定的美术基础，并且能够合理布图，合理搭配色彩。指导花材的采集时间和保鲜，这是做好押花画的关键。教村民根据季节、花材的特点正确使用押花器，然后把采来的新鲜花草、树叶放在压花器里，经过 3d 脱水后取出，分类放在保鲜袋里备用。让村民制作的押花出自农村，来自生活，反映农村的自然美。

押花制作技术的掌握是一方面，采集、选择花材也是重要的一方面。村民们在自己闲暇时，随时注意身旁山间、地边的花草，遇到合适的就马上采回来押制，可以说全身心地投入到了押花制作中。

通过 6 个月不间断培训，村民们从制作简单的书签，到制作贺卡、玫瑰图、工艺花篮，再到制作更为复杂的卡通画、风景画、山水画，经过反复练习和实践，现在都具备了独立制作押花画的能力，他们对押花技能的学习充满了自信心，热情高涨，参加培训的人数也从原来的 7 人发展到 32 人，年龄从 6 岁到 75 岁不等，同时带动 200 人从事花材的种植，在美化环境的同时也为押花制作者提供了丰富的花材，并且带来了一定的经济效益。

学习押花画的制作不但提升了村民的自身素质，还丰富了村民的业余文化生活。以前，他们坐在一起总是东家长西家短地闲聊，自从接触了押花制作，他们谈论的是怎样提高自己的押花水平，创作出更好的押花作品，以及如何才能把自己的作品推向更大的市场，卖个好价钱。

图 7-2　押花画制作与欣赏

2006 年 11 月 26 日，4 名村民结合羊台子村独特的自然景观，设计出风景画《三槐抱柏》《家乡美》《秋韵》《荷塘月色》，参加了“北京市红螺杯”旅游商品大奖赛，村民张秀珍设计的《家乡美》获得了一等奖，并获得了 2 万元奖金。2007 年 10 月，3 名村民参加了昌平冈“香堂杯”旅游商品大奖赛，村民李秀荣制作的押花画《乡间草舍》获得了二等奖，奖金5 000元，谷秀娥等 3 名村民共同制作的《百花争艳迎奥运》获得了二等奖，奖金2 000元。2008 年 10 月 21 日，又有 13 名村民参加了昌平区旅游商品大奖赛，有 1 名村民获得了三等奖，2 名获得了优秀奖，并获得了一定的奖金。

村民通过制作手工艺品，带动了羊台子村民俗旅游业更好的发展，以制作手工艺品为特色，打造出特色的旅游品牌。现在，在每个民俗旅游户家中都摆放自己亲手制作的手工艺品，在装饰居家环境的同时，也展示了羊台子村独特的民俗风貌。

此外，村民还举办了系列促销活动，对游玩的回头客或一次性消费 200 元以上的游客，赠送丝网花一支或小押花画一幅作为纪念。如果游客有兴趣亲手制作，可以免费提供制作的材料和工具，并给予一对一的指导，保证游客能够制作出自己满意的作品。这种促销活动的开展，使羊台子村民俗户家中的客人比以前大大增多了，越来越多的游客提出自己想要的图案，向民俗户们批量定做，从而提升了羊台子村手工艺制品的知名度，提高了村民的收入和村里的整体经济水平。

应用思考

1. 假如现在你要建设一个休闲观光农业园区，你的经营思路是什么？

2. 你认为休闲观光农业园的主题形象应该怎样定位才能有市场竞争性？

3. 休闲观光农业园的市场营销策划除了以上那些策略，你还有什么好的营销方法？

4. 如何在网络上进行休闲观光农业园的市场营销？

5. “以人为本”在休闲观光农业园区经营时主要体现在哪里？

6. 回忆自己游览过的休闲观光农业园都采用什么营销策略？有什么可以改进的地方？

7. 你通常通过什么渠道得到旅游信息，你认为最有效、最有用的营销手段是什么？

8. 在休闲观光农业园中，最常用的营销方法有哪些？

9. 休闲观光农业园区旅游路线的设计方法及步骤是什么？

10. 根据以下总体思路与步骤，模拟设计王佐镇二日游线路。

总体思路：在编排线路时应尽量选择不同种类的旅游点，或把相似的旅游点隔开，使整条线路错落有致。要做到择点适量，不要一次性安排过多景点，一方面容易使旅游者感到紧张疲劳，有悖旅游身心放松的宗旨；另一方面，不利于旅游线路再销售，回头客也会减少。一条旅游线路上旅游点的安排，应由一般到高潮，中间再穿插旅游亮点。

- 步骤 1　根据旅游吸引物确定主要景点。现王佐镇有南宫地热博览园、极乐峰、千亩果园等旅游资源，对游客具有不同的吸引力。充分发挥王佐镇旅游资源丰富的特点，有针对性地设计一批主题特色鲜明，对旅游者具有较强吸引力的旅游线路，特色越浓，对旅游者的吸引力就越强。

- 步骤 2　对相关的旅游基础设施和专用设施进行选择和配置，并以一定的交通方式把各景点合理串连。首先对旅游者使用的住宿、餐饮、交通车辆、旅游购物商店以及娱乐场所进行有效调查，然后进行合理安排规划，组成一条旅游线路。

● 步骤 3　从市场调查与预测入手，分析市场现状，预测市场趋势，针对目标市场，设计出适销对路的旅游线路，并适时调整，最大限度地满足休闲观光农业旅游者的需要，提高现有旅游资源的使用价值。例如，可针对商务客人开发高档休闲旅游线路，针对休闲观光客人安排参观旅游路线等。

第八单元　现代休闲观光农业园的经营管理

知识学习

一、经营管理方案设计

休闲观光农业将农业与旅游业融合在一起，在设计经营方案时既要考虑各自的特点，有要将两者的共性结合在一起。从表面看，农业与旅游业的经营对象、经营技术和对人员的要求完全不同，但我们经过仔细分析，找到了两个行业许多共同点，为政府制定政策和园主拟定管理方案指明了方向（表 8-1）。

表 8-1　休闲观光农业园区经营管理方案

经营管理要素	经营管理特征		转型应采取的策略
	农业	旅游业	
对象	有机生命：植物、动物、微生物	有机生命：人	应用生命关怀的理念（与农业相同），以熟悉的招待亲戚的方式接待游客，学习城市人群的习惯与爱好，但不要迁就游客的全部喜好
场所	园区范围内	园区与周边结合	与周边社区建立合作共赢模式
与土地关系	1. 面积辽阔性很重要 2. 土地的自然特征有决定性影响 3. 人工生产环境可以部分改变土地的自然要素，但相对成本高	1. 面积与土地的特性影响景观与活动空间，但不一定是决定性的 2. 创造人工环境较方便，相对成本较低	保持乡村环境特色，保证卫生安全，乡村化的舒适而不需要高星级宾馆的舒适
与自然环境因素的关系	1. 受突发气候控制，人工措施减灾害能力有限 2. 自然环境因素对品种与技术应用有决定性影响	1. 受突发气候严重影响，人工措施减少损失能力较强 2. 特色自然环境因素可以转化为有竞争力产品	化不利为特色，以气象灾害为主题变为旅游产品，但安全性极为重要

（续）

经营管理要素	经营管理特征		转型应采取的策略
	农业	旅游业	
技术	1. 技术引进很有局限性、效率低 2. 取得专利与机密的机会很少，保密难度大 3. 公开性与公共性强	与农业几乎相同	在服务上下工夫，走品牌化道路，降低纯技术的制约
市场	1. 完全的市场竞争 2. 必需品需求与供给弹性小 3. 特色产品需求与供给弹性大 4. 价格变动剧烈	1. 完全的市场竞争 2. 特色产品需求与供给弹性大 3. 价格变动小	避免单一的价格竞争策略，逐步建立自己的营销体系
产品	产品易腐烂、易损伤、季节性强	1. 与农产品与农作物配合的部分受制于农业 2. 服务部分产品与服务一体	更多的将农产品直接转化为旅游产品
经营过程管理	1. 生产的长期性与连贯性 2. 生产的季节性与生产期间的固定性	1. 间断性 2. 时间集中性	在用工集中时段，对临时工进行提前培训
人力管理	1. 可以发挥个人观察能力与技能 2. 提高劳动生产率的困难 3. 对雇佣者的监督与劳动评价较难	几乎与农业相同	尽量采用员工利益共享制，用企业文化来统一员工思维，上级信任下级，奖惩制度化，员工培训制度化
资金与投资	1. 资本的低效率 2. 投资高风险 3. 现金周转慢	1. 资本的效率变率大 2. 投资风险变率大 3. 现金周转快	有效的营销与服务质量管理制度，控制硬件的投入强度，农业与旅游设施尽量共享

农业向旅游业转型时，员工的招聘与使用是管理的最重要问题之一。原有员工对农业熟悉，对土地有感情，只要进行适当的心理调整，农业员工完全能做好旅游服务。不必过于关注服务人员的形象，游客到农区不是看美女的。熟悉农业，乡村风俗、对土地的感情等诸多特点可以成为服务特色，也是休闲观光农业的魅力之一。

具有丰富农作经验的员工当解说员和参与活动的指导员最为合适。

二、管理模式

现代休闲观光农业园区的管理模式有很多种，在不同的地域、不同的条件下，结合实际、因地制宜设计符合实际的管理模式才是当地最有效的管理模式。下面就对几种常见的管理模式进行分析。

1.“公司＋农户”模式　在发展乡村经济的实践中，高科技种养业成功地推出了“公司＋农户”的发展模式，因其充分地考虑了农户利益，在社区全方位的参与中带动了乡村经济的发展。在休闲观光农业的开发中，这种模式依然实用。“公司＋农户”模式通过吸纳社区农户参与休闲观光农业的开发，在开发休闲观光农业资源时，充分利用社区农户闲置的资产、富余的劳动力、丰富的农事活动，增加农户收入，丰富旅游活动，向游客展示真实的乡村文化。同时，通过引进旅游公司的管理，对农户的接待服务进行规范，避免不良竞争损害游客的利益。

2. 股份制模式　在开发休闲观光农业时，可采取国家、集体和农户个体合作，把旅游资源、特殊技术、劳动量转化成股本，收益按股分红与按劳分红相结合，进行股份合作制经营。通过土地、技术、劳动等形式参与休闲观光农业的开发。企业通过公积金的积累完成扩大再生产和乡村生态保护与恢复，以及相应旅游设施的建设与维护通过公益金的形式投入乡村的公益事业（例如导游培训、旅行社经营和休闲观光农业管理），以及维持社区居民参与机制的运行等。同时通过股金分红支付股东的股利分配。这样，国家、集体和个人可在休闲观光农业开发中按照自己的股份获得相应的收益，实现社区参与的深层次转变。通过“股份制”的休闲观光农业开发，把社区居民的责（任）、权（利）、利（益）有机结合起来，引导居民自觉参与生态资源的保护，从而保证休闲观光农业的良性发展。

3.“农户＋农户”模式　农民对企业介入乡村旅游开发有一定的顾虑，大多数农户不愿把资金或土地交给公司来经营，他们更信任那些“示范户”。在这些乡村里，通常是“开拓户”首先开发休闲观光农业并获得了成功，在他们的示范带动下，农户们纷纷加入旅游接待的行列，并向示范户学习经验和技术，在短暂的磨合后，就形成了“农户＋农户”的休闲观光农业开发模式。这种模式通常投入较少，接待量有限，但乡村文化保留最真实，游客花费少，还能体验最真的本地习俗和文化，是比较受欢迎的休闲观光农业旅游形式。但受管理水平和资金投入的影响，通常旅游的带动效应有限。

4. 以休闲观光农业为龙头的“旅—农—工—贸”联动发展模式　发展休闲观光农业的乡村应发挥旅游的乘数效应和拉动功能，以旅游业为龙头产业，带动其他行业的发展和生态保护协调进行，建立“旅—农—工—贸”联动发展模式。例如，发掘休闲观光农业的过程中，围绕休闲观光农业这个龙头开展各项经济建设：一是发展第三产业，满足旅游者的游憩和休闲需求，兴建旅游商业设施、文化娱乐设施；二是发展第一产业，兴建农副产品基地、休闲观光农业基地，带动农业产业化的发展；三是发展第二产业，开发各种旅游食品、饮料、纪念品等，对当地土特产进行深加工、精加工，力求上规模、上档次；四是发挥旅游的带动作用，让旅游市场带动信息、资金、技术等生产要素市场，促进资金、技术和人才的引进，加速本地区农村经济的发展。此模式适应农村经济基础好、休闲观光农业发展较成熟的农村地区。

三、管理的具体内容

休闲观光农业管理内容，既包括休闲农业环境、旅游企业、游客，也包括旅游目的地社区、旅游市场等。休闲观光农业管理过程就是对上述内容进行系统的规范、协调、控制。

1. 环境管理 所谓休闲观光农业环境管理是指运用法律、经济、规划、行政、科技、教育等手段和方法，对一切可能损害旅游环境的行为和活动实施控制，维护观光休闲农业环境的高质量，协调休闲观光农业活动和保护之间的关系，实现生态、社会、经济三大效益的统一。

就我国目前休闲观光农业发展的实际情况来看，强化旅游环境管理的主要措施有：

（1）建立健全环境管理体制，由于休闲观光农业环境管理涉及范围较广，仅靠旅游部门和环境部门难以实现管理目标，必须建立一套行之有效的环境管理体制，在相应一级政府的统一管理下，各部门、各单位合理分工、密切协作，为环境管理提供组织保证。

（2）建立健全环境政策法规，系统强化旅游环境管理，加强旅游环境政策、法规的制定出台，形成严密合理的系统，为环境管理提供法律和政策依据，同时还要重视并监督执行。

（3）建立环境管理科学技术手段，通过大力推广和采用先进的科学管理技术手段，提高管理效率，强化管理可监控性。例如，建立环境管理信息系统资料调查数据、环境质量监测数据、游人数量与需求变化情况和资料开发情况等，并通过对系统信息的分析处理，对环境质量做出客观、科学、准确的评价和预测，为环境管理决策提供依据。同时还综合运用生物、化学、物理、工程等技术手段，防止旅游环境的污染破坏，为环境管理提供技术上的支持。

（4）发展旅游环境保护科研系统，为了改善休闲观光农业环境问题，必须依靠科研、尊重科学、尊重人才，把旅游环境管理纳入科学研究、管理的轨道，使旅游环境健康、持续地发展。

（5）广泛开展宣传活动提高民众环保意识，改变和提升人们的环保意识，是提高环境保护管理质量的关键。可以广泛地运用广播、电视、报纸、网络等媒体和旅游区标牌系统，多形式、多方面地营造环保氛围，倡导绿色环保休闲观光农业。

（6）组织开展以“户洁、街净、村美”为标准的村容村貌和环境治理整顿工作对入村道路要进行整治、绿化和美化，要加强基础设施建设。

（7）必须建有符合国家环境保护和卫生防病法律法规的生活排污设施，在合理位置设置足够数量的公共厕所和垃圾容器，厕所应配有洗手设施，垃圾桶应及时清理。

2. 卫生管理　休闲观光农业以乡村社区为主要活动场所，所处环境卫生条件相对较差，这对休闲观光农业卫生工作提出了很高要求。食用卫生、公共卫生以及各种生活用品的清洁卫生都直接关系到游客的身心健康，各级旅游部门要引导和教育休闲观光农业从业人员自觉养成讲卫生、爱卫生的良好生活习惯，并购置一些必要的卫生消毒设施，抓好各项卫生防范措施，为游客创造出一个洁净健康卫生的旅游和生活环境。

（1）休闲观光农业住宿卫生标准。新建住宿设施选址要选择地势高、干燥、通风、水源充足、交通方便的地点，远离垃圾、养殖场、采石场、机械加工和金属冶炼等场所，防止各种工业性污染。在客房设计时，必须考虑采光、取暖、通风、防噪、排污、紧急疏散等与人体健康和生命安全有关的卫生要求，做到科学合理。

（2）休闲观光农业餐饮卫生标准。休闲观光农业餐饮设施的新建、改建、扩建工程，必须严格按照国家《饮食建筑设计规范》选址和设计，经过公共卫生监督部门的预防性卫生检查。

对于休闲观光农业从业人员应定期进行身体检查和卫生检查，以防止有传染病者上岗，保证休闲观光农业的饮食卫生。建立休闲观光农业餐饮卫生培训制度，定期对从业人员进行卫生知识培训，使他们了解工作岗位的卫生管理制度，懂得国家餐饮卫生法规，并且纠正休闲农业餐饮卫生存在的问题，完善餐具消毒制度。休闲农业餐饮设施的餐具可以采用集中消毒的办法降低消毒成本，保证用餐卫生。

（3）休闲观光农业饮用水卫生标准。在休闲观光农业发展过程中需根据国家饮用水标准的有关规定选择水源，建设安全卫生的供水系统。水源选择要考虑历年水质、水文、水文地质情况和取水点附近地区的卫生状况，应从卫生、经济、技术和水资源等多方面进行评价，选择在水质良好、水量充沛、便于防护的地下取水。做好乡村内部的垃圾清运工作，使果皮纸屑、建筑垃圾与游客彻底绝缘。

3. 市场管理

（1）培育市场机制。根据国际惯例和国内外旅游管理体制发展现状，培育市场机制，设置在行业管理的“准入壁垒”。

①资产规模壁垒。行业管理部门对企业从申请注册开始，对其最低资产规模作出规定和限制。例如，我国的《旅行社管理条例》中第七条，明确了申请企业资产规模的最低值壁垒。

②人员资格壁垒。我国的《旅行社管理条例》对导游准入设置了资格证壁垒，对经营管理人员任职资格也有较为严格的要求。

③经营与技术规模壁垒。这是对旅游企业进一步“升级”准入所做的限制性规定。

④其他壁垒。主要指设立旅游企业所具备的一些基础性条件，例如办公地点、必要的设施、设备和活动经费等。

（2）建立市场规则。主要包括以下几方面：

①进入规则。我国《旅行社管理条例》中对申请设立国际旅行社和国内旅行社的程序作了规定。

②经营范围规则。我国《旅行社管理条例》中对国际旅行社、国内旅行社的经营范围作了规定。

③服务质量规则。我国对旅游企业服务质量的规则主要有两个方面，一是企业保证金制度，二是由旅游质量监督单位对企业服务质量、经营行为等方面进行监督和查处。

④价格规则。政府主管部门及行会等中介组织在遵循市场规律和原则的基础上，通过政府指令或行会内部约定，对经营项目的价格水平根据市场行情做出相应的限制和规定。

（3）维护市场秩序。为了维护市场秩序，休闲农业管理主体应对市场上的旅游企业和服务人员进行以下方面的监督：

①经营行为监督。监督旅游企业和服务人员有无违反相关政策法规或行业规定。

②企业形象监督。监督旅游企业形象是否达到要求标准。

③资格证书监督。监督旅游企业和服务人员是否有相关的资格证书或是否持证上岗。

（4）营造市场氛围。行业管理主体应充分发挥其服务和协调职能，为休闲农业营造市场氛围，其主要措施有：①组织商品博览会，促进旅游项目的招商引资；②组织学术交流、参观活动，借鉴国内外的先进经验；③组织行业内部的技术培训、技术完善、从业人员培训等活动；④面向大众，组织休闲观光农业知识讲座；⑤建立休闲农业信息中心；⑥加大宣传促销力度，树立市场上的休闲农业整体形象；⑦在媒体上开辟“休闲观光农业大家谈”等大众性栏目，吸引民众参与，扩大市场影响。

4. 服务质量管理　休闲观光农业的发展，需要加强软件服务的建设，尽快建立健全休闲观光农业规范的服务体系，进一步提高休闲观光农业服务质量。

休闲观光农业由于游客数不多，农户和游客之间通常采取一对一的服务模式，这样还可以营造小家庭式的温馨氛围，也更容易实现“个性化服务”。从某种程度上讲，休闲观光农业比其他的旅游能更好地满足现代旅游者的心理需求，但休闲观光农业的特殊性决定了旅游接待地服务人员主要以农村青年为主，由于受文化素质的限制及缺乏规范的服务培训；整体的接待服务水平较低。所以，休闲观光农业服务应该努力达到：

（1）职业道德与乡村氛围。服务人员对自己从事的职业有肯定的认识，对客人的心理有深切的理解，为了加强休闲观光农业服务的乡土气息，可规定服务人员在服务提供过程中穿着本社区的传统。

（2）主动热情，耐心细致。有良好的仪容仪表，自然得体的语言，落落大方的气质，微笑服务贯穿始终。

主动服务要服务在客人开口之前，热情服务则是发自内心的满腔热情地向客人提供服务，休闲观光农业服务的家庭氛围主要体现在主客关系和服务内容上。休闲观光农业服务者应力求以亲人般的亲切态度对待旅游者，应当将一些有乡村生活情趣的内容纳入休闲观光农业服务之中，真正让旅游者有家一般的亲切感受，并从细处着手体现服务品质。

（3）注重旅游者权益的保护。规定休闲观光农业游客享有的权利，保护休闲观光农业游客个人隐私。经营者要保证其经营的商品和服务的质量；应按照有关规定实行明码标价；必须持有合法的卫生许可证、健康证，定点亮证经营，保持摊位及周围卫生清洁；旅游经营者按照行业标准和旅游合同约定提供服务，导游、讲解人员不得刁难游客和索要小费。

（4）健全旅游服务体系。在乡村集散中心设立为游客提供旅游信息和咨询服务的咨询台和咨询电话，要求经营农户要热情地为游客提供活动咨询服务，在大型演出场所外要设专人提供信息咨询服务。

5. 安全管理

（1）村落治安。要加强社会治安管理，加大警力和巡查力度，保证旅游者、经营者的人身、财产安全。

加强对从业者的安全教育，强化安全意识，做好安全检查，狠抓各项旅游安全工作的落实，确保不出任何事故。成立“村落治安小组”或“治安员”，负责维持村落社会秩序、保障游客人身安全。

（2）住宿安全。乡村住宿的客房安全包括防火、防电、防碰撞、防滑等方面。

防火是指客房的装修材料、家具用品应有防火阻燃性，客房顶部应安装有烟火报警器、灭火装置及其他灭火器材，要求接待农户必须配备灭火器、消防水管等消防设施以备不时之需。防电是指客房中所有电器应有自动断电保护装置，防止客人触电，电器的安装使用应按国家有关标准执行并有必要的使用说明和安全标志。防碰撞是指门、通道各个地方的高度和宽度应适合人体工程学，使用时人和行李与室内设施不会发生碰撞而受伤和破坏。防滑主要是指地面使用的材料在客人走动时能防止产生滑倒。客房地面如果使用石材或地砖应有防滑性能，卫生间一般均应使用防滑地砖，浴缸底部也应有防滑功能。

（3）游览安全。要求旅游园区在游路岔口、危险地段设置游览指示牌和安全指示牌，同时，选派园区巡逻员，负责园区内游路指引以及游人安全救助等工作，为游客提供安全保障。

6. 财务管理

（1）休闲观光农业经营活动财务管理的主要任务。休闲观光农业组织的经营活动体现两个“流”：一是实物流，二是资金流。实物是经营活动的表象，而资金流是经营活动的实质。休闲观光农业经营组织的财务管理，主要是根据国家有关法规制度，按照财务管理的基本原则，处理财务关系的一项综合性经营管理工作。其主要任务是：

①参与筹资决策，组织资金供应。参与筹资决策是财务管理的首要任务。财务管理人员通过对经营过程中资金需求的充分预测和严密计划，参与筹资决策；通过对筹资的方式和渠道、筹措的时间和数量、资金的结构与成本以及筹资风险等进行通盘考虑和综合分析，以保证资金供应的及时性，降低资金成本和财务风险。

②进行投资可行性研究，降低投资风险。休闲观光农业组织筹集资金进行投资时，必须认真分析影响投资决策的各种因素，科学进行可行性研究。休闲观光农业经营的投资很多是各类固定资产投资，既要考虑项目落成后的投资收益，又要考虑投资项目带来的风险并尽可能降低风险。

③合理使用资金，提高资金使用率。休闲观光农业组织经营过程中也是资金运动的过程。日常运营中应及时对闲置的资金进行投资，节约费用，加强对财务管理，提高资金使用率。

（2）休闲观光农业园的经营财务原则。休闲观光农业园的财务工作要求真实、可靠，能准确及时反映园区经营情况，为投资人、债权人、经营管理人员和政府部门等提供决策依据，为了满足会计信息使用者的不同要求，园区经营管理组织的财务工作必须遵守及时性原则、明晰性原则、债权发生制原则等12大会计基本原则，将资金筹集、流动、收回和分配等形成一个协调的系统，使资金合理地良性循环，力争以最少的投入获得最多的收益，提高经营效益。

（3）休闲观光农业园区财务管理内容。休闲观光农业园区财务管理的主要对象是资金，而资金运动贯穿于经营活动的全过程。资金管理主要分为：

①资产管理。包括货币资金、结算资金、存货、固定资产、无形资产、递延资产及其他资产的管理。

②资金运营管理。主要包括对筹措资金、投资运营的管理。

筹措资金是根据生产经营、投资和调整资本结构的需要，通过筹资渠道和资金市场，经济有效地筹措和集中资金。可分为自由资金和借入资金。根据投资数量、投资收益以及何种方式筹资、筹资金额多少，合理确定资金需要和资金投放时间，避免不顾投资效果的盲目筹资。

投资，通常指投入一定的财力，以期望在未来获取收益的经济活动。休闲观光农业园可以用资产、无形资产等投放于其他企业或进行扩大再生产，从而形成投资活动。投资项目评价指标分为两类：一是贴现指标，即考虑货币时间价值因素的指标，主要包括净现值、现值指标、内含报酬率等；二是非贴现值指标，即没考虑时间价值因素的指标，主要包括回收期、会计收益率等。

知识小窗口

投资回收期，指回收投资额所需的时间。投资回收期越短，投资方案越有利。投资回收期＝原始投资额/每年现金净流量

会计收益率指投资项目寿命周期内平均的投资报酬率。

平均报酬率＝年平均现金净流量/初始投资额

③成本费用、收入、利润管理。主要包括对成本的配比、营业收入的确认计量和利润的分配。

成本费用指营业成本，例如“农家乐”的餐饮原料成本、商品进价成本，旅行社代付的房费、餐费、交通费、娱乐费、行李托运费、票务费、门票费、保险费等。费用指营业费用、管理费用和财务费用。必须严格按照国家规定的成本费用开支范围及标准，根据实际情况和经营目标，参照其他类似园区的成

本控制水平，制定本企业的成本费用标准。

收入可分为营业收入、投资收入和营业外收入，其中主要是营业收入。营业收入是指在经营活动中向顾客提供劳务或销售商品等取得的收入，如客房收入、餐饮收入、商品收入等。收入确认的基本原则是债权发生制和收付实现制。

利润管理是指一定时期内休闲观光农业园经营的全部收入与全部支出的差额，是观光农业园经营活动的最终财务成果的体现。利润是一项综合性财务指标。借助利润指标可以对经营活动加以有效控制。

④财务报表的管理。主要通过资产负债表、现金流量表、损益表这三张主要财务报表对经营活动及其财务成果进行考核、分析和评价。

财务报表是使用统一的货币计量单位，根据日常会计核算资料，反映一定时期财务状况和经营成果的书面文件。按报表反映的经济内容分为静态报表和动态报表。静态报表是综合反映某一特定时间点资产、负债、所有者权益的报表，例如资产负债表；动态报表是反映一定时期内资金耗费和资金回收的报表，例如利润表。

案例与分析

案例　北京市昌平区小汤山农业科技园区的经营管理

小汤山农业科技园运用领先的科技优势，将自身打造成为一个环境幽雅、空气清新、四季花开、瓜果飘香，融自然风光与现代农业于一体的高科技农业园区。“科技创新，追求自然，向往绿色”是小汤山农业科技园的经营理念。小汤山农业科技园以其独特的人文景观、丰富的科技文化内涵吸引着众多的海内外游客。

通过 3 年的实践，小汤山农业科技园探索出了一种经营模式，概括为“政府搭台，企业运作，中介参与，农民受益”。这种经营模式，有利于把各自的优势发挥出来，把各自的积极性调动起来，把各自的利益统一起来，形成合力，确保小汤山农业科技园保持良好的发展态势。

(1) 政府导向。

①环境导向。3 年来，政府共投资 1.5 亿元，修建了园区道路 22.6km；完成了 20km 的水环境治理，建成了日供水能力 3 万 t 的供水厂和日处理 4 500t的污水处理厂；小汤山农业科技园新增地热井 16 眼；园区林木覆盖率近 50%。

②政府导向。区政府制定了关于加快小汤山农业科技园发展的土地、人才、户籍、财政支持等 10 条优惠政策，为园区建设提供了坚实的政策基础。通过政策导向和对外招商引资，2001 年以来相继有民营企业、股份制企业、台资企业等 46 家各类企业入驻园区。

（2）企业运作。小汤山农业科技园注重体制、机制创新，一批国家级大型企业、民营企业入驻园区，已形成国有企业、合资企业、上市公司、民营企业及台资企业等投资主体多元化格局，特别是民营企业总数达到入园企业总数的三分之二。

依据“产、学、研”的发展思路，小汤山农业科技园积极创造条件，为科研人才提供公用、共用的农业科研设施、设备，吸引高科技人才从事研究和成果转化，新建5 000m^2的综合展示中心，新建组培室近10 000m^2。目前，小汤山农业科技园初步形成了四个中心，即：展示中心、信息交流中心、农产品配送中心、劳动力就业中心。

（3）中介参与。为吸引更多的投资者到小汤山农业科技园投资建设，把小汤山农业科技园的产品推向市场，区政府对引进入园企业作出贡献的中介机构和个人，一次性给予 1 万～10 万元奖励，对引进重大项目贡献突出的中介单位和个人给予重奖，参与中介服务的单位和个人明显增加。

（4）农民受益。小汤山农业科技园的企业本身既是资金密集型，又是技术密集型，同时还是劳动密集型。这为提高农民素质、提供就业空间创造了条件。

目前，小汤山农业科技园的产业特征体现为生态、种业、精品，并带动了周边3 700多个农户，园区就业人员已超过 1 万人，连续两年农民人均纯收入高于全区平均水平的 30%。

应用思考

1. 在休闲观光农业园区中，安全急救管理方案应该怎样完善？
2. “旅—农—工—贸”联动发展模式如何更好地运行？
3. 根据经营管理方案，因地制宜，设计符合当地实际的经营模式。

主要参考文献

常志有 . 2004. 市场营销学 [M] . 北京：科学出版社 .

方世敏，廖珍杰，蒋晟 . 2007. 我国休闲观光农业产品的体验化设计研究 [J] . 宁波职业技术学院学报，11 (4) .

耿闻 . 2007. 中国乡村旅游指南：北京 [M] . 北京：中国旅游出版社 .

耿闻 . 2008. 中国乡村旅游指南：山东 [M] . 北京：中国旅游出版社 .

郭焕成 . 2007. 观光农业园区规划设计 [M] . 北京：中国建筑工业出版社 .

胡长龙 . 2002. 园林规划设计 [M] . 北京：中国农业出版社 .

科学技术部中国内存技术开发中心 . 2006. 休闲观光农业开发与经营 [M] . 北京：中国农业科学技术出版社 .

李峰，赖勇 . 2005. 中国休闲观光旅游农业发展探析 [J] . 湖北农业大学学报（社科版）(6) .

李广新 . 1991. 生态农业应用技术 [M] . 北京：中国科学技术出版社 .

马骏，李变荣 . 2011. 农产品营销案例解读 [M] . 北京：高等教育出版社 .

宋金平，盖文兴 . 2003. 我国休闲观光农业发展存在的问题与对策 [J] . 中国软科学 (2)：31-34.

陶益清 . 2010. 农产品市场营销基本知识 [M] . 北京：中国农业出版社 .

田逢军 . 2007. 近年来我国休闲观光农业研究综述 [J] . 地域研究与开发，26 (1) .

汪解 . 2005. 管理学原理 [M] . 上海：上海交通大学出版社 .

王国莉 . 2005. 休闲观光农业生态园的规划设计 [J] . 生态环境，14 (3) .

王浩 . 2003. 农业观光园规划与经营 [M] . 北京：中国林业出版社 .

王树进 . 2008. 观光农业园规划与经营 [M] . 北京：中国社会出版社 .

王旭辉 . 2007. 乡村旅游的公共卫生及安全 [M] . 贵阳：贵州科技出版社 .

严贤春 . 2004. 生态农业旅游 [M] . 北京：中国农业出版社 .

严贤春 . 2011. 休闲农业 [M] . 北京：中国农业出版社 .

杨涛，朱博文 . 2006. 城市进化过程中关于发展现代农业园的思考 [J] . 产业经济 (8)：229-230.

俞益武 . 2007. 休闲观光农业园区的规划与开发 [M] . 杭州：杭州出版社.

张建春 . 2007. 生态旅游研究 [M] . 杭州：杭州出版社 .

浙江省农业厅 . 2006. 浙江休闲观光农业一百例 [M] . 北京：中国农业科学技术出版社 .